인문학을 위한
사고 지도

인문학을 위한
사고 지도

에마뉘엘 토드 지음

오오노 마이 일본어 번역 · 김동언 한국어 번역

두란

◆

한국의 독자들에게

이번에 『인문학을 위한 사고 지도』가 한국어로 출간되어 참으로 기쁘게 생각합니다. 한국을 포함한 동아시아 지역은 제가 매우 관심을 가지고 있던 지역입니다. 최근에는 이 지역을 연구해야 할 필요성을 절실히 느끼고 있으며, 다음 연구 대상은 중국으로 삼을 계획입니다. 중국의 대두撞頭는 코로나를 계기로 명확해진 동시에 인구 규모가 거대한 이 나라의 문제는 특정 한 나라만의 문제가 아니기 때문입니다. 중국의 주변국인 한국이나 대만을 포함해 세계적인 문제이기에 고찰을 진척시켜 나갈 생각입니다.

이렇게 중국을 중심으로 연구를 하려고 생각하게 된 것이 어느 순간 갑작스럽게 떠오른 것이 아닙니다. 제게 사고, 그리고 연구는 '독서'와 깊이 연관되어 있습니다. 어느 날 지인의 권유로 저는 『인구 대역전』(찰스 굿하트 · 마노즈 프라단C.Goodhart&M. Pradhan)이란 책을 읽었습니다. 이 책은 중국의 인구문제나 경제를 중국 독자적인 문제가 아니라 세계의 문제로 포착하고 있었습니다. 저는 이 책을 읽은 다음 중국에 관한 연구를 진행할 필요성이 더욱더 화급하다고 생각하게 되었습니다.

제 연구는 이제 시작이지만 한국 사회의 그동안 발전이 중국을 이해하기 위한 하나의 시사를 주지 않을까 생각하고 있습니다. 한국 경제의 급성장은 인구문제를 야기시킨 측면이 있고, 그 결과는 심각했습니다. 한국의 비상하게 낮은 출생률은 중국의 향후 행보를 가늠하는 힌트가 될 것입니다. 중국은 한국이나 대만에 한 걸음 뒤처진 채 같은 길을 걸을 것인가? 이 점에 관해서는 아직 알 수 없지만 중국의 출생률 저하 문제가 중국만의 문제가 아닌 것만은 확실합니다. 한국은 인구의 측면에서 중국의 장래를 보여주는 것이 아닌지, 이 지점부터 생각해 봐야 할 것입니다.

과거와 현재

저는 항상 인류의 아주 오래된 역사와 미래 예측이란 관점을 지니고 사고를 진척시켜 왔습니다. 그것은 새로운 주제를 다룰 때도 마찬가지입니다. 마침 저는 내년 1월에 출판을 앞둔 책을 완성했습니다. 거기에서는 #MeToo 등 영미나 북유럽, 프랑스 등에서 고조된 운동에 초점을 맞추었습니다. 이는 오늘날 선진국들에서 일어난 아주 새로운 현상에 대한 분석이며, 동성애나 양성애, 트랜스젠더 등 제가 지금까지 다루었던 주제와는 동떨어진 곳에서 출발해야만 했습니다.

　그렇다면 어떻게 해서 이 '알지도 못하는', 그리고 '최근'의 문제에 관한 연구를 진행했을까요? 그것을 언급하기 전에 저는 먼저 인류의 오랜 역사, 아주 특별히 깊은 부분의 분석에까지 파고들었습니다. 최신의 지도학 기술을 구사하여, 먼 과거를 돌아보며 현대 사회에 특별하다고 생각되는 현상에 관해 사고를 진행한 것입니다. 과거, 즉 역사는 종종 지금을 살아가는 우리에게 힌트를 주기도 하며, 현대 사회를 깊이 이해하기 위해 필요 불가결한 것이기도 합니다.

　첫머리에 언급한 중국에 관해서도 마찬가지입니다. 예를 들면 중국 문명이란 것은 자립한 문명이라는 견해가 있습니다. 분명히 농업이나 문자문화, 국가나 제국 등을 두고 생각해 보면, 중국 문명은 서양과는 완전히 독립된 형태로 나타납니다. 그러나 중국에 있는 구리나 청동 등에 착목하여 보면 고대 중국이 중동 등의 영향을 받았을 가능성도 있지 않을까 생각하게 됩니다. 그래서 저는 지금부터 연구를 진행해 가면서 중국의 청동기시대에 관한 책도 읽어야겠다고 생각하고 있습니다. 이는 먼 옛날까지 소급해 가야 하는 작업입니다. 현대 중국을 생각하는 연구도 지금까지 저의 기본적인 연구의 흐름과 동떨어진 것이 아니라는 것입니다. 오늘날 중국 사회에서 인터넷의 영향이나 안면인식 등 신기술의 발달, 정부의 인구 데이터 훼손 유무 등을 조사함과 동시에 중국의 청동기시대도 조사해 나가면서 새로운 과제를 추진해 갈 생각입니다.

관점으로서의 경험주의

이 책에서도 종종 언급되었지만 저는 경험주의에 바탕을 둔 연구자이며, 경험주의가 제 사고의 기반입니다. 경험주의는 데이터를 받아들이고, 사실 그 자체가 세계라고 보는 사고방식에 토대를 두고 있습니다. 자신의 관점과 다르다고 생각하더라도 데이터가 보여주는 사실이라면 받아들일 수밖에 없습니다. 합리주의는 자신의 머릿속에 있는 것에 기반을 두고 외부 세계를 이해하고자 하지만, 경험주의는 자신을 둘러싼 외부 세계의 사실을 기반으로 삼는 사고방식입니다.

그러나 동시에 우리는 사회에 속해 있는 인간이기도 합니다. 사고에는 다양한 사회적인 필터가 씌워져 있는 법입니다. 자신이 속해 있는 계급이나 사회의 사상에서 벗어나는 것은 결코 쉬운 문제가 아닙니다.『제국 이후*Après L'empire*』(2002)를 썼을 때 저는 유럽을 중점적으로 검토했지만 중국의 대두에 관해서는 확실히 알지 못했습니다. 또 이미『세계의 다양성*La Diversité du monde*』(1999)을 썼을 때부터 아시아 지역 교육의 발전은 파악할 수 있었음에도, 중국의 발전 규모에 관해서는 제대로 알 수 없었습니다. 그러니 제 연구나 사고라는 것도 어디까지나 일정 부분 서구적인 것임은 분명합니다. 제게는 아시아를 사고하는 것보다 러시아나 독일에 대해 다루는 것이 더욱 쉬

운 일입니다. 또 중국에 관한 맹점은 저 자신이 제1차, 제2차
세계대전 당시 존재했던 강대국의 구도에서 헤어나지 못한 데
에도 이유가 있으리라 생각하고 있습니다. 다만 저에게 유대
인의 피가 섞여 있다는 점이나, 자국 프랑스가 아닌 외국인 영
국에서 공부했다는 것 등으로 일반적인 프랑스인과는 다른 사
고가 가능하기도 합니다. 이 점이 판에 박힌 사고를 벗어날 수
있다는 것과 연결되고 독특한 발상으로 연결되기도 합니다.

자신의 잘못과 대면하다

사실 '잘못을 인정'하는 것이 사고를 진행시키고, 연구를
진전시킵니다. 앞서 말한 책을 집필하는 가운데 저는 미래와
과거로 시야를 확대할 뿐만 아니라 지금까지 연구의 기반으로
활용해 온 '해석의 모형'도 재검토했습니다. 그 모형에서는 인
간 사회의 생활을 의식, 잠재의식, 무의식의 층으로 나눕니다.
경제는 '의식'의 층이고, 교육은 '잠재의식'의 층, 그리고 '무의
식'의 층에 가족과 종교가 있다고 해석합니다.

저는 항상 '무의식'의 층이 가장 중요하다고 생각해 왔습
니다. 예를 들면 1929년의 세계 공황을 거치며 영국에서는 보
수당이 권력을 유지하고, 프랑스에서는 레옹 블룸의 프랑스
인민전선이 탄생했습니다. 그리고 독일에서는 히틀러가 등장
합니다. 이들에 관해 저는 오로지 각국의 가족구조나 종교적
전통이 다르기 때문이라고 설명해 왔습니다. 물론 이 자체가

잘못된 것은 아니지만 그렇다고 해서 가족구조가 가장 중요한 요소라고 단정하는 것은 사실 터무니없는 주장입니다. 각국이 다른 길을 걸었던 것도 1929년의 세계 공황이라는 경제적인 사건이 먼저 있었기 때문인 것입니다.

요컨대 아주 단순하게 들릴지도 모르겠습니다만, 저는 경제도 가족구조와 마찬가지로 중요하다는 것을 새삼 깨달았습니다. 그 밖에도 예를 들어 수렵채집 사회였던 시대까지 거슬러 올라가면 인류 가족의 원형은 핵가족임을 알 수 있지만 그 시대의 가족을 생각해 보면 먹는 것이나 성적인 생활, 가족으로서의 결속 등에 우선순위를 매기는 것이 이상하다는 것을 알게 됩니다. 이것이 곧 스스로의 실수로부터 배우는 것이기도 합니다. 실수를 인정하는 것, 이것도 사고의 중요한 일부분입니다.

선진 제국과 고령화

물론 제가 개인적으로 나이가 들었기 때문에 매사에 개의치 않게 되고, 있는 그대로 세상을 받아들이게 되었다고 말할 수도 있을 것입니다. 그러나 사실 나이가 든다는 것은 개인적인 차원으로 한정되는 문제가 아닙니다. 오늘날 발전한 여러 나라의 분석 지표에서 중요한 한 가지는 '고령화'입니다. COVID-19도 고령자를 어떻게 지켜낼 것인가 하는 이야기였습니다. 서양의 정치철학 분야에서는 17세기 이후 홉스나 루소 등이 등장하여 놀라우리만큼 풍부한 지식의 축적이 이루어집니다. 그러나 이 사상가들이 사회의 기반으로 상정하고 있는 '사람', 이들 연령의 중앙값은 25세 남성이었습니다. 그런데 중앙값이 50세인 선진국 사회가 보여주는 것은 완전히 다른 세계입니다. 그래서 저는 보통선거 자체에도 의문을 갖기 시작했습니다. 오늘날 사회에서는 고령자가 사회를 지배하고, 젊은이가 일을 합니다. 이것은 새롭게 고찰해야 할 주제라고 말할 수 있습니다.

저는 이 책에서 제가 생각을 어떻게 여러 각도로 진척시켜 왔는지를 '생각'했습니다. 그것은 '배운다'는 것이며, '독서를 한다'는 것입니다. 또 최근에는 자신의 잘못을 수긍하는 것의 중요성도 깨닫고 있습니다. 개인적인 허영심이나 자만심으로 잘못을 인정하지 않는 때도 있지만 저 자신은 나이가 들수록 실수에 유연해졌다고 느끼고 있습니다. 그것은 세상을 받아들이겠다는 경험주의적인 태도와도 이어져 있는지도 모르겠습니다.

이렇게 해서 저는 늘 생각을 이어왔지만 이 책의 내용이 조금이나마 한국의 독자들에게 복잡한 오늘날의 사회를 이해하고, 사고를 활달하게 펼쳐갈 수 있는 계기가 되었으면 좋겠습니다.

2022년 12월
에마뉘엘 토드

한국어판 서문

일본의 독자들에게

'사고한다'는 것은 무엇일까요?

사실 저는 이 문제에 대해 지금까지 깊이 생각해 본 적이 없습니다. 물론 학자로서, 연구자로서 제가 하는 일은 생각하는 행위 그 자체입니다. 하지만 생각한다는 것은 제게 지극히 자연스럽고 당연한 행위이기에 지금까지 의식적으로 살펴본 적이 없습니다. 그래서 어느 날 일본의 출판사로부터 이 주제로 책을 꼭 내고 싶다는 제안을 받았을 때 어떤 내용이 될지 저 자신도 쉽게 예측하기 어려웠습니다.

일본에서 제가 그나마 알려진 것은 몇 가지 '예언들' 때문이라고 알고 있습니다. 소련의 붕괴나 서브프라임 모기지 사태, 아랍의 봄, 영국의 EU 탈퇴 등을 예언한 사람으로 말이지요. 물론 예언 혹은 예측은 초자연적인 것이 결코 아닙니다. 적절한 데이터를 수집해 제대로 분석한다면 사태가 앞으로 어떻게 진행될지 전망하는 것이 불가능한 일만은 아니기 때문입니다.

저는 지금까지 반세기 가까이 역사인구학자로서 연구를 이어 왔으며, 과거가 어떤 현재를 만들고 또 어떤 미래를 만들어 가는지에 대해 생각해 왔습니다. 저는 저 자신을 이런 식의 '사고 전문가'라고 여기고 있습니다. 다만 많은 성과를 발표했음에도 불구하고 사고의 과정이나 사고 자체에 초점을 맞춘 연구는 지금껏 없었다는 사실을 깨달았습니다. 그래서 이 프로젝트가 제게는 아주 참신하게 여겨졌습니다.

또 이 프로젝트가 프랑스어 번역이 아니라 애초 일본어로 출간된다는 점도 제가 끌렸던 이유였습니다. 저는 일본에 특별한 애정을 가지고 있습니다. 학술적인 면에서 하야미 아키라速水 融 교수(1929년~2019년. 일본의 경제학자, 역사인구학자)에게 영향을 받기도 했고, 지금은 친구라고 부를 수 있는 사람들도 몇몇 일본에 있기까지 합니다. 그렇기에 이 프로젝트를 통해서 직접 일본의 독자에게 말을 건넬 수 있다는 것이 제게는 정말 기쁜 일입니다.

그리고 이것이 제게는 일종의 해방감을 안겨준다는 것도 덧붙여 두고 싶습니다. 아마도 제가 프랑스인이고 프랑스 사회에 속해 있는 사람이라는 것과 연관된 일일 것입니다. 저는 프랑스에서 어떤 이야기를 할 때에는 그 이야기 속에 어떠한 사고방식이 자리 잡고 있고, 어떤 윤리관이 내재되어 있는지를 잘 이해하고 있습니다. 그래서 굳이 의식하지 않고서도 말을 선택하게 됩니다.

하지만 일본은 몇 번 가본 적이 있다고 해도 제게는 여전히 외국입니다. 그러니까 제가 어떤 이야기를 하든지 그것을 스스로 정당화할 필요를 느끼지는 못합니다. 그런 의미에서 이 프로젝트는 제게 큰 해방감을 느끼게 만드는 작업이었습니다.

이런 이유로 시작한 프로젝트입니다만 왜 하필 지금, 이 주제인가 하는 점은 여전히 짚고 가야 할 문제입니다.

오늘날은 프랑스와 미국, 영국 등의 사회를 이해하기가 점점 더 어려워지고 있다고 느낍니다. 이들 사회에서는 사람들의 원자화가 진행되고 있고, 그에 관한 분석과 종합이라 할만한 작업이 점점 어려워지고 있기 때문입니다. 사고하기가 어려운 것은 이처럼 바탕을 잃어가고 있는 사회 때문입니다. 단지 제가 늙었기 때문은 아닐 것입니다. 저는 지금 과거의 데이터를 다루면서 청동기시대의 연구를 하고 있는데, 이 연구는 아무 문제 없이 진행되고 있습니다. 오히려 해체가 시작되고 자신들 역사의 의미마저 잃어버리기 시작한, 오늘날의 프랑스 사회를 생각하는 것이 더욱 어렵습니다.

일본은 어떤가요? 하루하루 생활을 해나가면서 이 사회가 어디로 가고 있는지 선명하게 마음에 그릴 수 있는지요?

일본은 지금도 여전히 전통적으로 확실히 조직된 가족구조가 있습니다. 직계가족이라고 불리는 구조는 강한 집단적 가치관이나 사회적 규율을 전수해 왔고, 지금도 제대로 존재하고 있습니다. 이 점은 최근의 신형 코로나바이러스라는 재난에 맞닥뜨렸을 때 재확인된 것입니다. 그러나 규율이 잘 짜인 사회임에도 불구하고 거기에는 다른 종류의 '무無'가 있는 것 같습니다. 그것은 공동의 프로젝트가 부재한다는 사실입니다.

정신적인 관점에서 사회를 생각해 볼까요? 그럼 먼저 국가의 존재가 부각됩니다. 거기에는 민족주의를 포함하여 그것을 초월한 형태의 능동적인 소속감 같은 것이 있으며, 그것이 집단에 목적을 부여하고 역사 속에서 미래를 향해 나아가고 있다는 느낌을 심어줍니다.

한편으로는 집단의 수동적인 사회 심리의 원칙이라는 것도 있습니다. 이 원칙에 근거한 사회에서는 사람들이 공통된 습관을 가지고 있습니다. 그리고 일정한 기간 동안은 비교적 효율적으로 사회가 제 기능을 합니다. 그러나 그것만으로는 개인과 개인 사이의 관계를 초월한 영역까지 사람들이 무언가 큰 프로젝트에 참가하고 있다는 의식을 가질 수는 없습니다.

오늘날의 일본에는 이 수동적인 형태의 집단 심리는 있어도 앞서 언급한 능동적인 의식이 결여되어 있다고 말할 수 있지는 않을까요. 프랑스와 같은 사회적으로나 정치적으로나 엉망인 나라에서 일본을 보면 매우 질서정연하게 모든 것이 잘 돌아가고 있는 것처럼 보입니다. 그러나 근본을 살펴보면 인구 감소라는 문제가 가로놓여 있고, 이것이 바로 공동 프로젝트의 부재를 증명하는 것입니다.

요컨대 일본, 그리고 독일과 같은 나라는 매우 교묘하고 특수하게 집단 속에 녹아들어 가고 있다는 문제와 직면하고 있다고 생각합니다. 일본이 특수한 것은 미래로 향하는 집단 의식이 붕괴되고 있기는 하지만 다른 한편, 일본인으로 어떻게 살아야 하는가 하는 태도는 여전히 존재한다는 점일 것입니다. 그러나 사고하기 위해 무엇이 필요한가 하는 문제로 돌아가면, 역시 여기에도 능동적인 의식이 부각됩니다.

그러면 결과적으로는 프랑스도 일본도, 사고한다는 점에서는 곤란한 상황에 빠져있는 것으로 보입니다.

저는 사회에서 집단적인 틀(사상이나 신앙 등)이 소멸하면 경제 활동이나 사회 활동이라는 집단적 활동이 한층 어려워지리라 생각하고 있습니다. 지금까지는 집단적인 틀이라는 것은 일종의 제약이며, 그것이 붕괴하면 개인은 한층 자유로워진다는 말을 자주 들어왔습니다. 그 문제를 저는 『경제 환상*L'illusion économique*』(1999년)에서 그와 반대로 오히려 집단적인 틀의 붕괴가 개인을 축소시켰다고 지적했습니다. 저는 한 사람, 한 사람 개인은 찬미되어야 할 지고의 존재가 아니라 연약한 존재라고 생각합니다. 집단적 구조가 붕괴함에 따라 개인은 혼미해지고, 그저 모방하기만 하는 존재가 되어 자신이 놓인 환경의 압력에 짓눌리게 되는 것입니다.

동시에 집단적인 믿음이 붕괴되면서 야기된 개인의 축소가 사고능력의 저하를 초래하고 있는 것은 아닐까도 생각합니다. 왜냐하면 혼자서 아무런 틀이 없는, 즉 '무' 속에서 사고한다는 것은 난센스이기 때문입니다. 역사에 대해 어느 것 하나 비전을 갖고 있지 않은 사람이 역사를, 그리고 그 연장선상에 있는 현재나 미래를 사고한다는 것은 사실 아주 어렵습니다. 불가능하다고 해도 될 정도입니다. 여기서 떠오르는 것이 필립 K. 딕P.K.Dick의 『유빅』이라는 소설입니다. 소설은 인물의 주변 세계가 서서히 무너지는 모습을 보여주는데, 바로 오늘날 제가 바로 이러한 감각에 빠져있기 때문입니다.

그러나 이러한 시대일수록 앞으로의 세계가 어떻게 되어갈지를 알고 싶다는 생각은 더욱 강렬해지지 않을까요. 확실히 미친 것이 아닐까 싶은 상태의 현실 세계에서 어떤 일이 일어날지 간파하고, 그 일이 이제부터 어떻게 되어갈지 생각하는 것, 이것이야말로 현대의 우리에게 가장 화급하게 요구되는 것이며, 이른바 AI(인공지능)로는 대체할 수 없는 인간다운 지적 활동이기도 하다고 생각합니다. 그것이 곧 '사고한다'는 것입니다.

다만 앞서 말하였듯이 저는 제 '사고'를 이론화하려고 시도하거나 깊이 생각해 본 적이 없었습니다. 그래서 논의를 진행하면서 생각에 잠기기도 하고, 그 과정에서 저 자신의 사고에 관해 다시 한번 깨닫기도 했습니다. 프로젝트가 시작된 직후에는 어디를 향해 가는 것인지 그다지 선명하게 보이지 않았지만 점점 진행해 나가는 동안 그것이 보이기 시작했고, 저의 사고 방법에 관해 말하는 것이 즐거운 일이 되었습니다.

저는 거의 반세기 가까이 연구를 해왔습니다. 오히려 연구 이외의 것은 어떤 것도 제대로 할 수 없는 사람입니다. 그런 제가 지금까지 어떻게 사고를 구축해 왔는지, 이제는 신체의 일부처럼 되어 있는 사고라는 기계장치를 꺼내 그 구조를 소개하고자 합니다.

◆ 일러두기
1. 저자 토드는 이 책을 일본에서 가장 먼저 출간하였다. 이에 본서는 일본어판의 번역본
   임을 밝혀둔다.
2. 인명, 지명 등 외래어는 국립국어원의 외래어 표기법을 따랐으나 일부는 관습 표기를
   존중했다.

◆

서장

사고의 출발점

힘겨운 시대

우리는 지금 미래를 예측하기 아주 어려운 시대를 살아가고 있습니다. 말하자면 오늘날의 세계는 어느 하나의 시스템이 무너지고 있는 것과 같은 세계입니다. 사람들이 기대고 있었던 신념 체계를 비롯한 커다란 틀이 무너지고, 중산층은 산산조각 나고 있습니다. 유동화가 가속되는 현대 사회 속에서는 변화하고 있는 요소가 너무나 많으며, 그러한 변수들을 적절하게 분석하여 미래를 예견하는 것이 더욱더 어려워지고 있는 것입니다.

그리고 최근 수십 년 사이 전 세계에 거칠게 불어닥친 신자유주의—이는 경제학적인 현상이기 전에 문화·이데올로기적 현상입니다—가 사회과학적, 역사적 고찰을 완전히 황폐화시켜 버렸습니다. 물론 시장의 논리는 연대감에 반하는 것이 아닌, 그러한 것에 애당초 무관심할 뿐이지만 말입니다.

역사적으로 기업의 자유나 자본주의는 종교 혹은 가족으로부터 발생하는 사회적인 도덕을 기반으로 하지 않고는 기능하지 않는 것이었습니다. 예컨대 이탈리아의 메디치 은행은 훌륭한 일족—簇의 연대에 의해 성립되었지요. 요약하자면 자본주의는 경제권의 바깥에 있는 집단의 도덕적 기반 없이는 생각할 수 없는 제도인 것입니다. 종교 혹은 가족에 뿌리를 둔 도덕심이 없다면 자본주의는 효력을 잃고 부패해 가는 것입니다.

지금의 세계를 생각해 보죠. 국가의 중책을 맡거나 은행에 소속되어 스스로 자본주의를 실천하고 있다고 생각하는 사람들은 국가를 빈곤하게 하고, 일반 시민들에게 긴축재정을 강요하고 있습니다. 특히 프랑스에서는 긴축 재정이라는 구호 아래 마스크의 대량 폐기(2019년까지 프랑스 정부가 유통기한이 지난 비축용 마스크를 대량 폐기하고, 그 가운데에는 사용 가능한 것도 포함되어 있지 않았는가 하는 문제. 2017년에는 7억 1,400만 장 있었던 마스크 비축량이 2020년 3월 시점에는 1억 1,700만 장으로 삭감되었다고 한다)되었으며, 그 후 코로나가 사회를 덮치고, 사람들의 건강이 위험에 처하는 결과를 초래하였습니다.

그리하여 도덕과 종교의 붕괴는 국가에 의한 과실치사라는 사태를 초래하게 된 것입니다. 그리고 마크롱 같은 최상의 교육을 받은 엘리트들은 미래를 예측하기는커녕 현대 세계의 문제에 적절히 대처하지 못했으며, 도대체 현실에서 무슨 일이 일어나고 있는지조차 충분히 이해하지 못하고 있는 것으로 보입니다. 국가의 지배층이나 엘리트로 불리는 사람들도 혼란스러워하고 있는 것입니다. 이것이야말로 신자유주의가 가져온 황폐함입니다.

이제부터 자세히 이야기하겠지만 저는 제가 소속되어 있는 사회로부터 조금 벗어나 있음으로써 사회나 세계, 역사 등을 최소한 객관적인 시각과 판단력을 가지고 바라보는 것이 가능하게 되었다고 생각합니다. 한 사회에서 주변부적인 존재, 아웃사이더가 되는 것은 어느 정도 필요합니다. 그렇지만 아웃사이더가 되기 위해서는 그에 따르는 전제 조건이 하나 있습니다. 집단적인 구조가 존재해야 한다는 것입니다. 틀이 있고, 조직화되고, 어떤 사고방식을 가진 사회가 존재해야 함이 아웃사이더의 전제 조건인 것입니다. 전혀 아무것도 없는, 무의 상태라면 그 누구도 아웃사이더가 될 수 없을 것입니다.

사고를 가능하게 만드는 토대

저는 연구자로서 독특한 관점으로 사물을 분석한다는 말을 종종 듣고는 했습니다. 그러나 제 사고 역시 큰 틀 속에, 그리고 역사의 수레바퀴 속에 포함된 일부분일 따름입니다. 큰 틀의 존재야말로 사고가 성립할 수 있는 조건인 것입니다.

제 연구도 마찬가지입니다. 제 연구 역시 역사연구라는

커다란 연속적인 흐름에 포함되어 있습니다. 저의 연구는 아날학파—다양한 역사적 자료를 활용하여 과거의 생활을 총체적으로 그려내는 것을 목표로 한 역사학의 한 흐름. 20세기 프랑스 역사학의 주류를 이룬다—에서 시작하여 케임브리지에서 공부한 역사인류학, 더 나아가 피터 라스렛P.Laslett(1915년~2001년. 영국의 역사인류학자)이 발견한 핵가족을 거쳐, 그것과 개인주의를 결부시킨 앨런 맥팔레인A.Macfarlane(1941년~. 영국의 역사인류학자) 연구의 흐름 속에 이어지고 있는 것입니다. 연구자로서의 활동은 여러 개인이 관계해 온 연구 방향의 일부를 이루는 것입니다.

물론 어느 개인이 해답을 찾아내거나 혹은 거기에 도달하는 길을 발견할 수도 있습니다. 그렇지만 기본적으로 개인은 질문을 가져옵니다. 이전의 연구자가 제기한 질문에 답하고, 그리고 그에 반론을 던지거나 혹은 그것을 받아들여 다른 질문을 제기하는 것입니다. 이렇게 보면 연구란 질문과 대답의 연쇄로 이루어져 있습니다. 연구라는 관점에서 보았을 때 사고는 이러한 역사적인 연결과 축적 위에 성립되는 것입니다.

오늘날 세상에 대해 사고한다는 것은 정말 어려운 일입니다. 한편으로는 세계가 유동화하는 가운데 고려해야 할 변수가 점점 늘어나고 있고, 다른 한편으로는 사고의 토대인 집단적 틀이나 역사적 의미들이 신자유주의에 의해 자꾸만 왜곡되고 있기 때문입니다. 반대로 말하자면, 바로 그렇기에 사고란 어떤 행위인가, 인간에게 사고란 무엇인가에 대해 재차 검토해야 할 때라고 할 수 있을 것입니다.

왜 철학은 쓸모없는가?

그럼 '사고한다'는 것은 도대체 무엇일까요? 이러한 질문은 너무나 막연하고 추상적이어서 도무지 대답할 길이 없어 보입니다. 어떤 의미에서는 지극히 '철학적인' 물음이라고도 할 수 있을 것입니다.

그러니 어쩌면 '사고하기'의 전문가는 철학자일 것이라고 지레짐작해 버리는 사람도 있을 것입니다. 실제로 철학의 역사를 되돌아보았을 때 유명한 철학자들은 '지성을 어떻게 도야할 것인가?', '한층 더 잘 사고하기 위해서는 어떻게 해야 좋을까?'라는 질문들을 생각해 왔습니다. 마치 '사고란 자기 자신과의 내적인 대화'라는 플라톤의 말대로 철학자들은 많든 적든 책상에 앉아 '생각한다는 것은 무엇인가?'라고 자문자답을 거듭해 온 셈입니다.

그러나 저는 그동안 이런 태도와는 전혀 동떨어진 곳에서 사고해 온 사람입니다. 원래 제게 '사고하기'는 그렇게 추상적인 것이 아닙니다. 저는 사고의 메커니즘을 어떤 의미에서는 자연 발생적인 것으로 인식해 왔습니다. 물론 제 머리에서 진실이 생겨난다고는 생각하지 않습니다. 이것은 철학적 사고방식과는 다른 것입니다. 나중에 자세히 설명하겠지만 저는 본능적으로 그리고 자라온 가족의 전통으로 말미암아 프랑스의 철학에 관해서는 처음부터 의문을 가지는 부정적인 입장이었습니다. 고등학교의 철학 수업조차 거부하면서 시작된 것입니다.

세계의 유명한 철학자인 데카르트, 칸트 등은 제게는 그저 말장난을 일삼는 이들일 뿐입니다. 왜 그렇게 비판적인가 하면 철학이 현실을 완전히 벗어나 있다고 생각하기 때문입니다. 제가 읽은 철학책 가운데 알프레드 J. 에이어A.J.Ayer의 『언어, 논리, 진리』라는 책이 있습니다. 에이어는 20세기의 영국을 대표하는 철학자·논리학자 중 한 사람인데, 거기에는 데카르트나 칸트의 철학이 문법적인 오류투성이라는 주장이 있습니다. 저는 어느 쪽인가 하면 에이어의 생각에 가까운 셈입니다.

제가 애독하는 책 가운데 하나는 버트런드 러셀B.Russell의 『러셀 서양철학사』입니다. 그 책에서 대륙의 철학은 대수롭지 않게 비판적으로 그려지고 있습니다. 저는 영국 경험주의를 기반으로 하고 있지만 그 경험주의조차 직관적인 일반 상식을 조촐하게 정리한 것일 뿐이라고 생각합니다. 저 역시 사고하기 위해 철학을 배울 필요는 없었습니다. 경제를 생각하기 위해 경제학자가 될 필요가 없는 것과 다를 바 없습니다. 서양 경제의 여러 문제가 경제학자들로부터 초래된 것이라고까지 저는 생각합니다. 그러니까 제게 '사고한다'는 것은 플라톤이 생각했던 것과 같지 않습니다. 애초부터 저는 철학자가 아니었으며, 솔직히 말하면 제게 '사고란 무엇인가'라는 질문만큼

성가신 질문은 없습니다.

혼돈에서 법칙을 찾아내다

개인적인 이야기를 계속해 보겠습니다. 저는 어릴 적부터 줄곧 역사가가 되고 싶다고 생각해 왔습니다. 그 결심은 이미 10살 때부터 확고했습니다. 열정적으로, 특별한 목적도 없이 저는 오로지 역사책을 읽고 또 읽었습니다. 고대 그리스의 역사, 고대 로마, 이집트학 등 무작정 과거로 거슬러 올라가는 것에 심취해 있었습니다.

그 무렵 저는 『일리아드』와 『오디세이아』를 읽었습니다. 그리스 영웅 중에서도 특히 재미있는 인물은 오디세우스입니다. 그야말로 지성이 넘치고 재치가 뛰어나지요. 이처럼 제 안에서 지성이란 대단히 중요한 가치였습니다. 제가 지성에 대해 처음으로 가진 생각은 폭력에 대항하는 것이 지성이라는 것이었습니다. 오디세우스와 아킬레스의 대비가 바로 그것이었습니다. 제게는 아킬레스가 히스테릭한 바보로 보였습니다. 또 휴브리스Hubris—그리스어의 '오만'—라는 말은 지금까지도 저를 괴롭히고 섬뜩하게 만드는 말입니다.

당시 제게 생각하고 사고하는 행위는 폭력의 반대편에 있는 것이었습니다. 다만 이것은 어릴 적에 느꼈던 것이며, 역사의 현실은 꼭 그렇지만은 않습니다. 저는 예전부터 난폭한 성향도 있었습니다. 그래도 싸우려면 머리를 써서 싸우려고 했

던 것도 사실입니다. 좌우간 이렇게 역사에 열정을 지니고 있
었던 저는 그 후 중학교에 진학해서는 의학에, 고등학교에 올
라와서는 물리학에도 흥미를 갖기 시작했습니다. 역사에 관해
서는 자발적으로 흥미를 갖기 시작했고 결국 학술 연구도 마
찬가지라고 할 수 있습니다.

제게는 이러한 것들이 거의 본능적인 욕구로 여겨졌습니
다. '사고하고 싶다', '생각하고 싶다'는 욕망을 품은 것은 아닙
니다. 그래서 사고 그 자체에 관해 고민한 적도 없었습니다.
무엇보다 중요했던 것은 역사와 비슷한 유형의 내용을 기술한
책들을 오로지 읽고 또 읽는 것이었습니다. 차츰차츰 학술 연
구와 역사 속의 법칙을 발견하는 데에 관심이 더해졌습니다.

저는 연구자로서 무엇을 해왔을까요? 앞서 말했듯이 다
른 연구자들이 해온 일의 연장선상에 있는 것입니다만, 혼돈
의 역사 속에서 법칙을 찾아내는 것이었습니다. 제가 처음 찾
은 법칙은 가족구조의 종류와 정치사상의 관계였습니다. 또한
시간이 흐르면서 가족 시스템이 복잡해진다는 법칙은 제 연구
의 기둥이 되었습니다. 그러나 이것은 자연스러운 흐름에 의
한 것으로, 방법론에 대해 따로 생각했던 것은 아니었습니다.

사고란 손으로 하는 일

얼마 전 딸의 학교 모임에 참석했습니다. 그런데 철학 선
생님의 말씀이 매우 감탄스럽고 공감됐습니다. 선생님은 손글

씨를 왜 장려하는지 설명하고 있었습니다. 현대 사회에서는 누구나 컴퓨터로 타자를 칩니다. 컴퓨터로 쓴 것은 몇 번이고 간단하게 복사, 붙여넣기 할 수도 있습니다. 그런데 손글씨의 경우에는 쓰기 전에 반드시 생각해야 합니다. 그래서 사고는 손으로 하는 것이라고 선생님은 말했습니다. 정말 맞는 말이 아닐 수 없습니다.

『신新유럽 대전L'invention de L'Europe』(1990년)이라는 프로젝트를 시작했을 때의 일입니다. 이는『제3의 행성La Troisième planète』(1983년)과『세계의 유년기L'enfance du monde』(1984년)라는 이전 저작에 제기된 비판에 응답하는 연구였습니다. 비판해 온 사람들에게 이론을 확실히 증명해야겠다고 생각한 저는 16세기까지 거슬러 올라가 유럽의 역사를, 그러니까 종교의 위기나 읽고 쓰기, 산업화, 인구 추이, 사상의 대두 등을 모두 가족구조의 지도를 바탕으로 재검토했습니다.

그것은 엄청난 작업으로, 383개나 되는 지리학적 분석 단위를 사용해 완성하는 데에만 7년이 걸렸습니다. 이 책을 집필할 때는 자동으로 지도를 만들어 주는 수단이 없었기에 칼로 지도를 만들었습니다만, 워낙 서툴러서 오랜 시간을 지도 제작에 소비했습니다. 이 책에 수록된 중요한 지도의 대부분은 제가 제작한 것이 바탕이 되어 있습니다.

『신유럽 대전』의 집필은 고행처럼 스스로에 규율을 부과하고 자기만의 세계에 틀어박히는 동시에 강한 의지를 갖고 진행한 것이기에 실로 스스로를 시험하는 듯한 힘겨운 과정이었지만 이를 거치고 나서 저 자신이 변화했다고 할 수 있을 만큼, 분명히 자부심을 느끼게 하는 책으로 완성할 수 있었습니다.

생각하는 것이 아니라 배우는 것이다

이처럼 제게 생각하고 사고한다는 것은 앉아서 '좋아. 생각하자, 아이디어가 솟아나기를 기다리자'하는 것이 아닙니다. 언어란 무엇인지, 사고란 무엇인지를 알기 위해 의자에 앉아서 생각을 해보자는 철학적인 태도와 저의 접근은 전혀 다르다고 생각합니다.

저는 원래 배우는 것을 무척 좋아합니다. 그러니까, 방대한 지식을 축적하는 사람이죠. 사람들은 제가 그동안 얼마나 방대한 자료를 읽어왔는지 잘 모를지도 모릅니다. 저는 전문 연구에 한정하지 않고 폭넓은 문헌을 읽어왔습니다. 즉, 저는 생각하지 않은 것입니다.

생각한 것이 아니라 배운 것입니다. 처음에는 먼저 배워야 합니다. 그리고 읽어야 합니다. 역사학, 인류학 등의 문헌을 읽고 무언가를 배웠을 때, 모르는 것을 알았을 때의 감동이야 말로 사고하는 것 그 자체이기도 합니다.

저는 어린 시절부터 이러한 열정을 가지고 역사책들을 섭렵해 왔습니다. 그 후 고등학교 2학년에서 3학년에 걸쳐, 당시 공산주의자였던 저는 마르크스주의, 그리고 스탈린이나 그리스의 레지스탕스 운동, 전함 포템킨의 반란에 관한 책 등을 읽었습니다. 그런 뒤 대학에 입학하여 1학년과 2학년에 통계학의 첫발을 떼고, 3학년이 되어서는 역사인구학을 공부했습니다.

이렇듯 저는 꾸준히 책을 읽고 또 계속 배움에 정진했습니다. 지금 저는 제1차 세계대전의 기원에 관한 여러 가지 자료를 읽어가는 중입니다. 그리고 아주 많은 것을 배우고 있습니다. 거기에 특별히 지적인 목적이 있지는 않습니다. 그저 배움의 기쁨이 있을 뿐입니다. 어쩌면 저에게 있는 이 배움의 기쁨과 그에 대한 열정이 제 인생의 본질이라고 해도 좋겠다고 생각합니다. 달리 생각해 보면 조금은 겸허한 태도이기도 합니다. 남이 해온 연구 결과를 오로지 읽는다는 수동적인 행위이기 때문입니다.

능력은 누구에게나 평등하다

그렇다면 저에게 지성이란 무엇일까요? 저는 인간은 누구나 어느 정도의 능력을 가지고 있다고 생각합니다. 그리고 지성의 차이, 머릿속에 든 것의 차이, 좋은 학생, 나쁜 학생이라고 하는 것—가정환경 등을 제외하면—은 정말로 작은 차이에서 나타난다고 생각합니다. 누구나 말하는 능력이 있고, 어느 정도 계산도 할 수 있습니다. 능력적으로는 99.99% 누구나 같습니다. 애덤 스미스A.Smith가 좋은 말을 했습니다. 그는 『국부론』에서 철학자와 평범한 보통 사람 사이에는 미미한 차이밖에 없으며, 모든 것은 지적 노동의 분업에 의한다고 했습니다.

신자유주의의 상징처럼 되어버린 애덤 스미스가 이런 생각을 가졌다는 사실이 잘 알려져 있지는 않지만 본래 그는 사람이 본질적으로 평등하다고 믿었던 사람입니다. 애덤 스미스에게 철학자와 보통 사람 사이의 차이는 지성의 차이가 아니라 그저 지적 활동의 차이일 뿐이라는 것입니다. 그렇다면 이지적인 활동이란 어떤 특성을 가진 것일까요?

지적 활동이라고 해도, 사변적인 것부터 실천적인 것까지다양한 차원이 존재합니다. 사변적인 지적 활동은 개념적인것으로, 물질적인 수준으로는 연결되지 않고 사고만을 분리할수 있는 것처럼 보입니다. 장인의 기교와 다양한 몸짓 안에도지성은 존재하기 마련이지만—이것이 실천적인 지적 활동입니다—그러한 지성은 개념적인 지적 활동의 관점에서는 경시되는 경향이 있습니다. 물리적인 것이나 손으로 하는 작업, 실천에의 적용, 신체의 움직임 등에서 분리된 사고야말로 관념적으로 고상한 수준에 있다고 인식되기도 합니다.

이 정의로 볼 때 그 선두에 있는 분야가 수학이라고 생각합니다. 왜냐하면 수학이야말로 물체의 움직임에 좌우되는 현실부터 조금 먼 세계까지도 갈 수 있기 때문입니다. 수학이야말로 어떤 원칙을 설정하기만 하면, 나머지는 머릿속에서만으로도 연달아 사고를 이어가는 것이 가능한 분야입니다. 참고로 저는 수학과 물리학을 완전히 구분해서 생각합니다. 물리학은 세계를 반영해 현실에 틀을 만드는 분야입니다. 그런데 수학은 현실 세계와는 관계없이 나아갈 수 있습니다.

철학은 어떨까요? 확실히 사변적인 지적 활동의 한쪽에는 형식논리학인 수학이 있고, 다른 한쪽에는 인문과학이 있습니다. 다만—앞서 말했듯 이것은 세계대전 이후에 영국에서 철학을 배운 부친의 영향이 큽니다만—전쟁 후, 철학이라고 하는 것은 '철학 비판'으로 집약되어 버렸습니다. 철학은 과학이 발전하면서 쇠퇴해 버렸다고 생각하기도 하고, 제 사고방식을 생각해 볼 때 철학자에게서 그 유래를 찾을 수 있는 것은 없기 때문입니다.

사고의 프레임

자, 이제 지성 얘기로 돌아가죠. 저는 지성이란 거의 평등하게 존재하는 것이고, 생각하는 능력은 누구나 갖추고 있다고 생각합니다. 사고 그 자체는 순간적인 행위, 자연 발생적인 행위입니다. 그러나 물론 이것을 사고법으로써 '배울' 수도, '연마할' 수도 있습니다.

저의 경우 사고에 프레임, 곧 틀을 부여한 것은 통계학이었습니다. 나중에 상술하겠지만 제게 생각한다는 것은 데이터를 축적하는 것으로, 데이터들의 관련성을 찾는 것이나 데이터 지도를 비교하는 것은 거의 자연 발생적으로 할 수 있는 일

서장

입니다. 다만 그 후로 통계학이 프레임의 역할을 떠맡게 되는 것입니다. 달리 말해 보죠. 자연 발생적인 순간적 사고란, 말하자면 '떠오름' 혹은 '깨달음'과 같은 것이기에 그 자체를 방법론으로 체계화하기는 어렵습니다. 그렇지만 거기서 탄생한 것을 어떠한 수단으로든 검증하지 않으면 안 됩니다. 이러한 착상을 검증하거나 데이터를 분석할 때—저는 통계학이라고 말하는—프레임이 중요한 역할을 합니다.

이 프레임을 배움으로써 지적인 일도 분업이 가능하게 됩니다. 예를 들어 기술의 습득이나 행정적인 규약의 책정, 역사학적 고찰과 같은 지적인 작업을 할 수 있어, 이들 영역에서 전문성을 가질 수 있는 것입니다.

저는 대략 세 가지 종류의 지성이 있다고 생각합니다. 첫 번째는 처리 능력과 같은 두뇌 회전의 속도, 두 번째는 기억력, 그리고 마지막으로 창조적 지성입니다.

처리 능력으로서의 지성

저는 마크롱 대통령이나 엘리트 관료 양성학교인 ENA(프랑스 국립행정학교) 출신 인물과 사회 상층부에 있는 사람들을 비판하고 있지만 그들도 나름의 지성을 가지고 있는 사람들입니다. 이는 기본적인 능력에 가까운 지능을 말하는 것으로, 요점은 머리가 얼마나 빨리 돌아가느냐는 것입니다. 예를 들어 IQ 테스트 등으로 측정할 수 있는 것을 말하지요. 계산적인 '처리 능력'이라고 해도 좋을 것입니다.

머리 회전이 빠른 사람, 계산이 빠른 사람은 있습니다. 제가 제 IQ를 잰 적은 없지만 결코 높지 않을 것이고, 분명히 친구의 IQ가 저보다 높을 것입니다. 이는 요컨대 처리 능력에 기반한 영리함입니다.

사회는 매우 복잡합니다. 그래서 거기에서 일어나는 일을 이해하기 위해서는 어느 정도의 처리 능력이 필요합니다. 그 능력으로 여러 가지 사건을 파악하고, 많은 사실을 머리에 넣어두면서, 재빠르게 사고할 수 있습니다. 현대 사회에서는 머릿속에 분류된 서랍을 빠르게 여닫는 능력이 필요합니다. 이러한 의미에서 머리가 좋은 사람들을 엘리트 계급이라 한다면, 예를 들어 로랑 파비위스L.Fabius(1946년~. 프랑스의 정치가)나 알랭 쥐페A.Juppe(1945년~. 프랑스의 정치가, 전 수상)와 같은 사람들이겠지요. 이들은 프랑스의 이른바 엘리트 코스를 밟은 인물들로 고등사범학교(에콜 노르말 쉬페리외르École Normale Supérieure)를 거쳐 최종적으로는 ENA를 졸업했습니다.

참고로 프랑스의 엘리트 코스에서는 고등학교 졸업 후 그랑제콜이라 불리는 엘리트 양성 대학교의 선발시험을 준비하기 위해 예비학교Prépa에 진학합니다. 거기서 2년 정도 공부한 뒤 고등사범학교 등의 그랑제콜로 나아가지요. 그 다음의 ENA 선발 시험은 더 나중에 보는 사람이 많습니다. 다만 마크롱 대통령은 파리정치대학 출신으로 이른바 초엘리트가 나오는 고등사범학교 출신은 아닙니다. 그 후 그는 ENA로 진학하는데, 그때부터 눈에 띄기 시작한 것은 예비학교 시절의 네트워크가 있었기 때문입니다.

기억력이라는 지성

또 하나의 지성은 기억력입니다. 학창 시절에 어느 마르크스주의 역사학 교수가 말하기를, 적어도 역사학에서는 기억력도 하나의 지성이었습니다.

역사학자가 되기 위해서 기억력은 빼놓을 수 없는 능력입니다. 저는 두뇌 회전 속도는 둔하지만 기억력에는 자신이 있습니다. 어렸을 때에는 영상 기억 능력이 있을 정도였으니까요. 중학교 때 부모님이 공부를 제대로 했냐고 물어서 그제야 서둘러 교과서를 달달 외운 추억도 있습니다. 저는 이렇게 시각으로부터 들어오는 기억력이 뛰어난 듯합니다. 그래서 대학 시절에는 대규모 강의실 수업은 거의 듣지 않았습니다. 이야기를 듣고 기억하는 것은 서툴렀기 때문입니다. 오히려 혼자 책을 읽는 편이 좋았습니다.

앞서 가장 개념적인 지적 활동이 수학이라고 했습니다. 수학은 최소한의 도구를 사용하여 인간 정신의 깊이까지 추구할 수 있는 분야인데, 그에 비해 역사학은 지적인 작업 방법의 측면에서는 정반대입니다. 제가 다루는 역사는 통합적인 것으로 역사 속에서 일반적인 법칙과 규칙성을 찾는 연구입니다.

그러한 분야에서는 약간의 아이디어나 조금이라도 의미 있는 사항을 찾아내기까지 믿을 수 없을 정도로 많은 양의 사실Fact 이나 데이터를 수집해야 합니다. 그런 의미에서도 기억력은 중요한 것입니다.

창조적 지성

마지막으로 창조적 지성이 있습니다. 창조적 지성이란 이미 수집된 데이터를 설명하거나 정리하기 위해 뇌에 있는 다양한 요소를 자유롭게 조합하고 연관시킬 수 있는 지성을 말합니다. 조심스럽게 말씀드립니다만 창조는 '무'로부터 무언가를 낳는 것이 아닙니다.

첫 번째로 꼽은 처리 능력과 이 창조성은 앞서 언급한 수학 분야에서도 나타납니다. 케임브리지의 친구가 들려준 이야기입니다. 수학에 관해서, 예를 들어 고등학교 졸업 시험이나 대학의 수준이라도, 상당히 머리가 좋은 사람들이 있다는 것입니다. 그런데 연구의 영역이 되고, 새로운 아이디어를 창출하게 되면 순간 아무것도 나오지 않게 되는 사람들이 있습니다. 지성의 진정한 불가사의란 어떻게 참신한 아이디어를 낼 것인가 하는 점에 있습니다.

사람은 어떻게 제안이나 해석, 새로운 관점, 혹은 아무도 생각지 못했던 표현 방법 등을 생각해 내는 것일까요? 아주 능력이 좋은 사람들, 머리 회전이 빠르고 기억력도 발군인 사람들의 두뇌는 멋대로 움직이는 기계와 같아서 독서를 해치운 뒤 기억하는 일, 모든 요구된 형태대로 결과물을 내놓는 일련의 작업을 쉽게 해낼 수 있습니다. 기본적으로 프랑스의 교육에서는 중요한 논점을 판에 박힌 듯이 정리하는 특수한 방법을 습득할 것이 요구됩니다. 영국 등의 에세이 문화와는 다르지요. 그러나 이는 어디까지나 테크닉이므로 특별히 새로운 아이디어를 내지 않아도 할 수 있습니다. 즉 사고하지 않아도 할 수 있는 일입니다. 어쩌면 사람이 아니라 컴퓨터라도 할 수 있는 작업입니다.

농담 반 진담 반으로 저는 쥐페, 파비위스, 마크롱 등의 역할을 수행하는 로봇은 조금 있으면 만들 수 있지 않을까 생각합니다. 일본의 기술력이 있다면 가능하겠군요. ENA를 졸업한 프랑스 정치인들의 모델을 연구해서 로봇을 꼭 만들어 보았으면 합니다.

기능의 불완전함에 주목하다

저는 지금껏 저 자신의 지성과 사고 방법에 대해 그다지 의식적으로 생각해 오지 않았고, 아직도 명확한 방법론이 있다고는 생각하지 않습니다. 지금부터 자세히 기술하겠지만 제게 있어 그 과정은 완전히 무의식적으로 운에 좌우되는 것이 아닌가 생각되기도 합니다. 말하자면 시스템의 기능장애와 같은 상황과 밀접하게 결합되어 있는 것입니다. '알고리즘 사고'

라는 말만큼 제 사고 방법과 상반되는 말은 없습니다. 즉, 제게 사고의 과정이란, 예를 들어 컴퓨터의 처리 방식과는 정반대의 과정입니다.

물론 앞서 말한 것처럼 어느 정도의 처리 능력은 사회를 이해하기 위해 필요합니다. 그러나 사회를 이해하는 것이 반드시 사회에 대해 생각하는 것을 의미하는 것은 아닙니다. 사회를 생각하기 위해서는 기능의 불완전함과 얼핏 보아 관계가 없는 것처럼 보이는 것의 연관성을 깨닫는 것이 무엇보다도 중요합니다. 청력이 좋은 사람은 소리로 관련성을 찾을 수도 있을 테고, 저와 같이 시각으로 받아들이는 사람은 이미지와 이미지를 연결해서 관련성을 찾을 수 있을 것입니다. 제가 연구를 할 때 자주 지도 제작을 이용하는 것도 사실 이와 관련이 있습니다. 다양한 사실들을 관련시킴과 동시에 일반적인 상황에서 벗어난 것에 관심을 갖는 것, 그것이 사고의 출발점은 아닐까요.

서장

I

입력

두뇌를 테이터 뱅크로 만들어라

먼저 전체의 개요도를 보여드리겠습니다. 모든 지적 활동은 기본적으로 '입력Input→사고→출력Output이라는 세 단계로 구성됩니다. '입력'은 독서 등을 통한 데이터의 축적, '사고'는 머릿속에서의 처리 프로세스를 말하며, '착상', '모형화와 검증', '분석' 등으로 세분할 수 있습니다. '출력'은 말할 필요도 없이 말하고 쓰는 것으로 사고를 전달해 나가는 것입니다. 물론 이 흐름이 절대적인 것은 아닙니다. 연구의 대상이나 내용에 따라 달라지기도 합니다.

또 이 책의 마지막에 자세히 언급하겠지만 예측하는 행위는 학술 연구를 위한 사고에서는 벗어나는 것입니다. 게다가 출력에 관해서는 그것이 집필이냐, 인터뷰에 답하는 것이냐에 따라 다르다는 것도 덧붙여 둡니다.

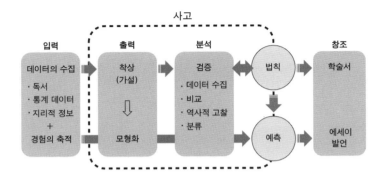

◆ 지적 활동의 프로세스

　한편으로, 제게 가장 중요하고 재미있는 작업은 이 장에
서 다룰, 프로세스의 처음에 위치한 '입력'입니다. 제게 생각한
다는 것은 의자에 앉아서 자문자답을 계속 반복하는 것이 아
니라고 앞 장에서 말했습니다. 오히려 진득하게 책을 읽고 지
식을 축적해 나가는 것이라고 말이지요. 무엇인가를 배우고
새로운 것을 알았을 때의 감동이야말로 제가 소중히 여겨왔던
것입니다.

자기 안에 도서관을 만들다

　예를 들어 조지 머독G.P.Murdock이라는 구조주의 인류학자
의 저작 『아프리카: 그 민족과 문화적 역사Africa: its peoples and their
culture history』를 어떻게든 읽고 싶었을 때의 일입니다. 좀처럼 그

44

책을 구할 수 없었던 저는 어느 날 인류박물관 관장에게서 이 책을 가지고 가서 복사해도 좋다는 허가를 겨우 얻었습니다. 그때 느낀 극도의 흥분은 아마 어떤 이성에게도 느낄 수 없었던 것이 아닐까 할 정도였습니다. 그것은 저의 추억 중에서 가장 흥분이 차오르는 에피소드로 아직껏 기억됩니다. 그것은 일종의 행복이며, 지식이나 새로운 것을 배운다는 것에 대한 억제할 수 없을 정도의 욕구가 제 안에 있었다는 것입니다.

같은 이유로 지리적 정보나 통계 등의 데이터를 잘 살펴봅니다. 이것은 단순히 재미있기 때문에 지금도 하는 일입니다. 그리고 아무 생각 없이 조사를 하고 있을 때야말로 종종 흥미로운 점을 발견하는 때입니다.

예를 들자면 아들이 인도에 관해 질문한 것을 계기로 인도에 있는 채식주의자들의 지도나 데이터를 조사한 적이 있습니다. 그리고 애초에 제가 잘못 알고 있었다는 것을 깨달았습니다. 남인도는 매우 종교적인 색이 짙은 지역이라고 들어왔고 저 또한 그렇게 생각했습니다. 애당초, 『호모 하이어라키쿠스Homo Hierarchicus(서열적 존재—옮긴이)』로 유명한 루이 뒤몽 L.Dumont(1911년~1998년. 프랑스의 인류학자)도 인도 종교의 중심은 남쪽에 있다고 했지요. 또한 남인도는 북인도에 비해 문해율이 높습니다. 이처럼 저는 남인도의 종교적 영향을 염두에 두고 있었기 때문에 채식주의자도 그 지역에 많을 줄로만 알았습니다. 하지만 완전히 잘못 알고 있었습니다. 채식주의자가 가장 많은 지역은 북인도, 가장 낙후된 지역이었습니다.

이처럼 머릿속에 어떤 가설을 상정한 다음 그것을 검증하기 위해서만이 아니고, 단순한 호기심으로부터 데이터를 조사해 보는 것, 조금 지식이 있거나 이전에 조사를 진행했던 지역이 지금 어떻게 되어 있는지를, 특별히 아무 생각 없이 조사해보는 것도 자주 있는 일입니다.

연구자의 머릿속은 데이터를 축적하는 장소입니다. 특히 역사학자들의 두뇌 속에는 방대한 지식이 축적되어 있습니다. 그러니까 멍하니 있을 때라고 해도, 단순히 아무것도 하지 않고 멍하니 있는 것이 아니라 사실은 자신의 두뇌 속 거대한 도서관을 헤매고 있다고 하는 것이 맞습니다.

저도 제 안에 도서관을 가지고 있습니다. 도서관이기에 점점 축적되고 있지요. 마치 수집가와 같습니다. 인도의 채식주의에 대한 데이터도 어떻게 사용할지 아직은 모르지만 뇌의 어딘가에 저장해 두고 있는 것입니다. 물론 사람의 뇌이기 때문에 저도 나이를 먹어가면서 모든 것을 남겨둔다기보다 어느 정도 취사선택하여 자료를 저장합니다.

연구자란 여행자다

예전에 연구는 도서관에 틀어박혀서 하는 것이었지만 지금은 인터넷이 있습니다. 인터넷은 훌륭합니다. 데이터나 숫자를 검토하는 것을 좋아하는 저 같은 사람에게 인터넷은 정말 훌륭한 도구입니다. 물론 잘못된 정보도 있겠죠. 하지만 반대로 진실된 정보도 넘쳐납니다.

저는 계속 이렇게 데이터 속을 어슬렁어슬렁 산책하고 있습니다. 예전에는 연구소의 자료실에서 데이터 연감을 살펴보는 식으로, 지금은 인터넷으로 데이터를 검색하는 식으로 말이지요. 저는 인터넷이 사람들의 삶을 거대한 도서관으로 바꾸어 놓는 도구라고 생각해 왔습니다. 인터넷 자체가 도서관입니다. 인터넷에 잘못된 정보가 많이 있다 하더라도 그것은 그저 도서관에 엉뚱한 책이 있을 수 있는 정도 아닐까요?

인터넷 검색 이력을 보면 자신이 무엇에 관심이 있는지 바로 알 수 있습니다. 최근에는 영국의 선거—2019년 총선거—결과를 찾아보고 있음을 알 수 있습니다. 이에 더해 가톨릭과 개신교의 연관성, 북아일랜드의 종교 상황 등에 대해서도 알아보고 있습니다. 이어서 출생률의 변화 등도 조사했습니다.

어쨌든 저는 관심 가졌던 것에 대해 조사하는 게 좋습니다. 인도의 채식주의자에 관한 데이터를 보거나 문해율을 조사하는 식이지요. 저의 평소 지표를 바탕으로 유아사망률을 조사하기도 합니다. 무엇인가 하면 이렇습니다. 저는 2030년에는 전 세계에서 문해율이 거의 100%가 될 것이라고 말한 적이 있습니다. 그런데 실제로 조사해 보니 유아사망률이 곳곳에서 떨어지고 있으며, 출생률과 여성의 문맹률도 낮아지고 있음을 확인할 수 있었습니다. 따라서 개발도상국에서는 많은 것이 빠른 속도로 변화하고 있다고 말할 수 있습니다. 한편 선진국은 정체되고, 사회에는 무언가 혼란스러움과 같은 기류가 감돌고 있습니다. 이러한 대비를 재인식하며, 그럼에도 사회는 틀림없이 계속 진보하고 있다는 결론을 내립니다. 하지만 그렇다고 해서 이 결론으로 무언가 하는 것은 아닙니다.

이처럼 별다른 목적도 없이 세계에서 지금 무슨 일이 일어나고 있는지를 알기 위해 그저 수치 데이터를 바라보는 것도 중요한 일입니다. 제 경우 사고할 때 먼저 무엇을 하고 다음에 무엇을 해야 한다는 식의 형식적으로 정해진 틀은 없습니다. 어떤 의미에서 여행을 떠올려 보면 아주 비슷할 듯합니다. 연구자는 여행자입니다.

일에는 위계가 없다

그렇게 계속 책을 읽고, 다양한 정보를 수집하고, 머릿속에 데이터를 축적하다 보면 어느 순간 두뇌는 데이터 뱅크와 같아집니다. 지금의 저는 머릿속에서 지구상의 모든 장소를 향해하며, 지역에 따른 각각의 가족 시스템에 대해 살펴볼 수도 있습니다. 가족 시스템의 모든 것을 알고 있지만 그것은 오랫동안 열정과 기쁨을 가지고 계속해서 연구해 온 결과입니다.

케임브리지 대학에서 연구를 시작한 것은 20살 때였습니다. 역사인구학 분야였지만 인구조사를 하고, 농민 인구의 이동을 계산하거나, 통계를 내고, 통계 지표를 정의했습니다. 상당히 복잡한 작업입니다. 그로부터 이해하는 과정이 있었습니다. 이렇게 벌써 50년 가까이 연구를 해온 셈입니다.

반세기 가깝게 연구를 하고 있으면 데이터를 정리하거나, 그로부터 가설을 세우거나 해석을 위해 도식화하는 작업은 이미 걷거나 먹는 것만큼, 신체 움직임의 일부와 같이 하게 됩니다. 어떤 일이든 비슷한 측면이 있으리라 생각합니다만, 오랫동안 그 일을 하다 보면 절로 완성도가 높아지기 마련이지요.

문제는 지능이나 지성보다 효율성의 문제로 이어집니다. 이것은 제 지론입니다만 어떤 직업에도 공통점이 있습니다. 정확하게 일을 잘하는 역사가라면 경제 이론을 이해하고, 연구 프로그램을 수립하고, 가설을 명확히 하기 위한 문헌을 찾을 수 있고, 책을 집필할 수 있을 것입니다. 그것은 바로 일을 할 줄 아는 농부들이 자기 땅을 제대로 알고, 파종 시기를 제대로 파악하며, 최신 기술을 이해하고 있는 것과 같습니다. 어느 수준에 도달한 연구자와 테니스 선수는, 사실 생각보다 큰 차이가 없을지도 모릅니다.

이것은 어쩌면 일본 사람들이 이해하기 쉬운 점일 수도 있습니다. 정확하게 일하는 것은 그것만으로도 가치가 있습니다. 일본에서는 손을 사용하는 일과 지적인 일 사이에, 직업상의 어리석은 위계는 없다고 생각합니다. 일을 제대로 하는 쪽이 더 좋은 평가를 받지 않을까요? 그러나 일본에 있는 완벽주의적 측면이 좋은 것이라고 생각하지는 않습니다. 직업 노하우의 중요한 부분에는 그것이 불완전하다고 인정하는 점도 포함되어 있다고 생각하기 때문입니다.

취미로서의 독서, 일로서의 독서

제가 하는 일의 95%는 독서입니다. 그리고 나머지 5%는 집필입니다. 지금은 메모를 하면서 독서를 하는 경우가 예전만큼 많지 않지만 그래도 독서는 연구에 꼭 필요한 일입니다. 연구를 진행하려면 어쨌든 '사실'을 축적해야 합니다. 독서는 이 사실의 축적에 필요 불가결한 것이고, 그 축적에 의해 머지않아 어떤 모델이 생겨납니다. 물론 축적한 데이터가 모두 당장 도움이 되는 것은 아닙니다. 모델을 구축하기 위해 사용되지 않았던 데이터는 잊히는 경향이 있지만 메모나 노트를 나중에 다시 읽고 기억해 내는 경우도 종종 있습니다.

그렇다면 일 이외의 목적으로 책을 읽지는 않느냐고 생각할지도 모릅니다. 저는 그동안 SF와 추리소설을 많이 읽어왔습니다. 사실 큰 이유는 영어를 배우기 위함이었지만, 이 소설들을 읽으면서 정신적으로도 해방되었고, 사회 형태의 표현 방법에 대한 힌트를 얻을 수도 있었습니다. 물론 SF에서 볼 수 있는 사회 형태는 학술적으로 반드시 의의가 있는 것은 아닐 수 있습니다. 기본적으로 아주 단순화된 것이니까요. 그 이유 때문은 아니지만 최근 들어 이런 종류의 독서는 별로 하지 않게 되었습니다. 독서가 제 일의 근본이기 때문에 취미로서의 독서가 많이 줄었는지도 모르겠습니다. 독서가 일이라고 해도 과언이 아니니까요.

제가 아직 취미로 독서를 할 때 모리스 르블랑M.Leblanc의 아르센 뤼팽 시리즈는 여러 번 읽었습니다. 게다가 뤼팽을 읽으면서 어떤 방법론을 발견한 적도 있습니다. 언젠가 뤼팽이 말했습니다. "아직 재료가 충분히 갖춰지지 않았어. 일단 생각하기 전에 나아가야만 해." 이 대사에 깜짝 놀랐습니다. 말하자면, 생각하기에는 아직 이르다는 것입니다. 물론 뤼팽에게 데이터의 축적은 파란만장한 모험을 펼치는 것을 의미하고 저에게는 문헌을 섭렵하는 것이라는 차이는 있지만 말이죠. 아무튼 이런 독서를 하다가도 거기에서 자신의 연구를 위한 힌트를 찾아내는 것이니 이게 아마 직업병이 아닐까 싶기도 합니다.

책을 사는 것도 중요합니다. 일종의 투자인 셈이지요. 아버지와 함께 남인도를 여행했을 때의 일입니다. 벵갈루루에서 기차를 타고 트리반드룸에 도착해 동네의 한 서점에 들어간 적이 있습니다. 거기에는 영어로 쓰인 사회학책이 많이 있었지만 당시 그렇게 돈이 많지 않았던 저는 망설였습니다. 이 책들을 사야 할까 말아야 할까, 정말 좋은 책인지 아닌지도 모르는데 어쩌지? 하고요. 그때 아버지께서 말씀하셨죠. 지금 사지 않는다면 너는 평생 이런 책들을 살 수 없을 거라고. 하지만 여기서 쓴 돈은 언젠가 다시 손에 쥘 수 있을 것이라고. 그 책들은 힌두 정치의 전통에 관한 사회학 서적들이었고, 결과적으로 이후 연구에 큰 도움이 되었습니다.

시민으로서의 독서

제게는 '시민으로서의 독서'라고 부르는 독서도 있습니다. 저는 베를린 장벽의 붕괴 이후 사상에 의해 역사가 왜곡되어 해석되는 경향이 있다는 점에 문제의식을 지니고 있습니다. 가령 제2차 세계대전에서 독일군이 소련의 적군赤軍에 패배했음을 세상은 인정하고 싶어 하지 않는다는 것을 들 수 있습니다. 서유럽은 사실 자유를 미국의 노르망디 상륙작전과 거의 동등한 의미로 적군 덕분에 손에 넣었다는 사실이 있음에도 그 사실을 좀처럼 인정하려고 하지 않습니다.

다만 제2차 세계대전에 관해서는 홀로코스트가 있었기 때문에 역사 수정주의적인 해석은 그다지 밀어붙여지지 않아 그렇게까지 문제는 아닙니다. 반면 제1차 세계대전에 관해서는 역사 수정주의자들이 어느 정도 논의를 진행할 수 있게 되었습니다. 그것에 대해 확실히 지식을 쌓아 역사 수정주의적인 관점에 대항하기 위한 독서를 저는 시민으로서의 독서라고 지칭하는 것입니다. 물론 역사학자로서 개인적으로 이 분야에 관심이 큰 것도 사실입니다.

또 '시민으로서 배운다'라고 할 수 있는 하나의 사례를 소개하겠습니다. 저는 최근 저의 연구를 진행하는 과정에서 중앙아시아에 대해 연구하는 필립 콜P.L.Kohl이라는 인류학자의 아주 훌륭한 책을 읽었습니다. 『유라시아 청동기시대의 형성 The Making of Bronze Age Eurasia』이란 책입니다. 저자에 따르면 소련에는 서방에서 이루어진 연구를 잘 알고 있던 훌륭한 고고학 학파가 있었는데, 서방에서는 소련 측의 이 학파의 연구에 대해서는 아무것도 몰랐다고 합니다. 콜은 그것이 당시의 연구를 마비시킨 요인이라고 보았습니다.

이 책에서 특히 주목해야 할 것은 이중의 주제를 가지고 있다는 점입니다. 물론 중심 주제도 중요하지만 그와 동시에 소련 붕괴 이후의 고고학 학파에 대해서도 소개하고 있지요. 소련 시절에 공부한 사람들에 의해 형성된 이 학파를 제대로 의도를 갖고 소개한다는 사실에 저는 매우 감탄했고, 한편으로는 안심이 되기까지 했습니다.

왜냐하면 지금 시대에는 노르망디 상륙작전의 기념식에 러시아를 초대하지 않고, 마치 그것이 프랑스와 독일의 화해를 축복하는 것인 양 되었으니까요. 이러한 상황에는 저 자신도 머리를 싸매고 있는 와중이기에 반대로 이런 움직임이 있음을 기쁘게 여기는 것입니다. 이 학자는 고고학 분야에서의 민족주의에 맞서 러시아 고고학의 쾌거를 확실하게 소개하고 있는 것입니다. 이렇게 매사에 명확한 문제의식을 갖고 그에 대한 지식을 쌓는 행위, 이것이 시민으로서 역사를 배운다는 것이라 생각합니다.

연구는 즐겁지 않으면 안 된다

자, 그럼 제가 구체적으로 독서를 어떻게 하고 있는가 하는 이야기를 해보겠습니다. 저 같은 경우에는 직접 책에 메모를 남깁니다. 이렇게 하면 잊어버릴 걱정이 없으니까요. 표지의 뒷면에 있는 처음 몇 페이지의 여백을 이용해서, 읽어나가며 중요한 부분의 페이지 수와 코멘트를 적절히 써넣습니다. 이런 독서는 연구를 위한 경우가 많기 때문에 참고가 되는 부분, 즉 새로운 사실이라고 생각되는 것, 몰랐던 것이 있으면 쪽수와 함께 메모를 하는 식입니다. 때로는 비판적인 견해를 써두기도 합니다. 읽고 있는 문헌이 영어일 경우 저의 메모도 프랑스어와 영어가 뒤섞인 것이 되어, 저밖에 알아보지 못할지도 모르겠군요. 또한 저는 공간적인 인식에는 전혀 문제가 없지만 연대 순서를 외우는 데에 매우 서투릅니다. 때문에 읽으면서 나름대로 연표를 작성하는 경우도 있습니다.

물론 밑줄을 긋기도 하고, 중요한 페이지에는 색인을 붙여둘 수도 있습니다. 포스트잇은 잘 사용하지 않지만 딱히 색인지가 아니면 안 되기 때문은 아닙니다. 손닿는 곳에 굴러다니는 것을 적당히 사용할 뿐입니다. 특별히 색깔 구분은 하지 않지만 색인을 붙인다는 것은 어쨌든 그 대목이 정말 중요하다는 표식입니다.

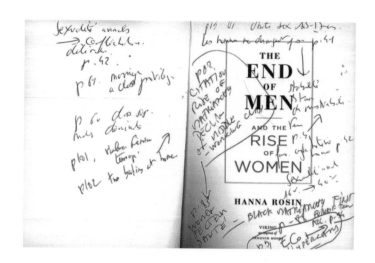

아이디어를 쓰기 위한 노트도 챙겨둡니다. 컴퓨터를 사용해 본 적도 있지만 지금은 손으로 쓰고 있습니다. 간단한 도식을 그리기도 합니다. 독서와 직접 관련이 있기도 하지만 기본적으로는 아이디어를 쓰는 것이기에 항상 손에 노트가 있습니다. 그러나 노트에 쓴 것들을 사용할지 말지는 알 수 없습니다.

연구는 결코 따분한 일이 아닙니다. 제게 그림이나 표를 그리고 내용을 채워 넣는 작업은 그 자체가 아주 즐거운 일입니다. 이렇게 메모를 하거나 그림을 그리는 것은 정보 시스템에 의한 균질화의 위협에서 벗어나는 것을 의미합니다. 이것은 AI가 절대 할 수 없는 작업입니다. 이 작업이 정말 지적인 일인지는 모르겠습니다만 적어도 인공적이지 않다는 것은 분명합니다.

주석에 주목하라

저는 50년 가까이 연구를 해왔습니다. 지금까지 읽어온 것, 써온 것이 아주 많습니다. 그리고 대개 다음에 읽고 싶은 책은 독서를 하면서 찾아냅니다. 어떤 분야에 대해서 알고 싶을 때 첫 번째 입구가 되는 책, 열쇠가 되는 책이 있습니다. 그 책을 어떻게 찾느냐 하는 것은 효과적인 독서를 위한 하나의 포인트입니다. 이를 찾기 위해 독서에서는 물론 본문도 중요하지만 참고 문헌이나 각주가 굉장한 도움이 됩니다. 저는 책을 읽으면서 각주에도 밑줄을 긋습니다.

독서는 책 속에 인용되어 있거나 참고 문헌으로 거론되는 것 중에서 제게 도움이 될 만한 자료를 찾아내는 작업이기도 합니다. 젊은 연구자는 저처럼 나이가 많은 연구자에 비해 적합한 자료를 찾아내기가 어려울지도 모릅니다.

젊은 연구자는 에너지가 넘치기에 어떤 작업도 참을성 있게 해내고 메모도 많이 합니다. 젊은 연구자는 광대한 원시림에 던져진 가운데서도 필사적으로 이 에너지를 사용합니다. 그러나 찾고자 하는 것, 목적에 맞는 것을 방대한 양의 문헌이나 텍스트, 논문 등에서 찾아낸다는 것은 그들에게 매우 어려운 일입니다. 젊은 연구자도 언젠가 효율적인 작업을 할 수 있는 연구자가 되겠지만 그때까지는 자신에게 필요한 것을 찾기 위해 상상도 할 수 없을 정도의 에너지를 소비합니다.

한편으로 이미 어느 정도의 경력을 쌓은 연구자는 젊은이에 미치는 에너지는 없겠지만 무언가 찾아내는 일이라면 본능과 같은 것을 몸에 익히고 있습니다. 커다란 자료의 산도 자신의 전문 분야라면 이정표가 붙은, 이미 잘 알고 있는 장소가 되어 있는 것입니다. 그래서 저 자신도 젊은 시절과 비교하면 연구에 시간이 오래 걸리지 않게 되었습니다. 에너지는 줄어드는 대신 효율이 높아지고 있는 것입니다. 이 또한 어떤 직업이든 다르지 않을 것입니다.

분야를 횡단하며 읽다

저는 역사가이고 역사학 박사학위를 가지고 있기 때문에 역사에 대해서는 잘 알고 있습니다. 인류학에 대해서는 답사를 하지 않는다는 것이 결점이지요. 제게 유일한 현장은 어쩌면 대학인지도 모르겠습니다. 여하튼 저는 오랜 세월, 대학이나 학술계 안에 안주하는 사람들과 자주 대립해 왔습니다. 그러니까 그 내부에서 무슨 일이 일어나고 있는지, 객관적인 관찰자로서 알고 있는 것입니다. 그건 차치하고서라도 인류학에 관해서는 방대한 양의 문헌을 읽어왔습니다. 또한 저는 사회과학에 관한 문헌은 분야를 가리지 않고 읽어낼 수 있습니다. 인구학, 경제학, 사회학 등 여러 분야를 횡단적으로 읽지요. 읽지 않는 분야가 있다면 철학 정도일까요?

저는 여러 분야의 교육을 받았습니다. 대학에서는 고대사부터 시작하여 중세사, 근대사, 현대사를 폭넓게 배웠습니다. 지리학도 배웠지요. 파리정치대학에서는 경제학이나 사회학에 더해 헌법학도 배웠습니다. 이렇게 여러 분야의 교육을 받았기 때문에 영역을 횡단하며 다양한 문헌을 읽을 수 있는 것입니다. 심리학과 정신분석 문헌도 읽을 수 있는 이유는 저의 정신이 병든 시기가 있었기 때문입니다. 다양한 영역의 책을 읽을 수 있고, 그것을 이해할 수 있다는 것은 커다란 기쁨이기도 합니다.

게걸음으로 독서하기

이렇게 사회과학의 여러 분야를 횡단적으로 이해할 수 있었기에 최종적으로 깨달은 것은, 좋은 연구의 진행 방법이란 게걸음을 걷는 것과 같다는 점입니다. 게는 비스듬히 걸어 옆으로 나아갑니다. 그러한 진행 방법이야말로 연구에 필요한 것입니다. 아이디어를 얻기 위해 그리고 생각지도 못했던 것들을 깨닫기 위해서는 연구의 핵심을 벗어나는 독서를 하는 것이 중요합니다.

연구의 첫 번째 단계는 독서입니다. 어떻게 아이디어를 얻는지, 그러기 위해 무엇을 해야 하는지 묻는다면 일단 무엇이든 읽어야 한다고 답할 것입니다.

사실 저도 지금 이 단계를 진행 중입니다. 프랑스 사회의 위기에 대한 책(『21세기 프랑스의 계급투쟁Les Luttes de classes en France au XXIe Siècle』, 2020)을 한 권 썼습니다만 이 연구는 마르크스의 저작을 많이 되돌아보는 것이었습니다. 이 책은 프랑스에서 현재 일어나고 있는 일을 분석하는 내용이었는데, 일단 이 책을 쓴 뒤 다시 제 연구로 돌아온 참입니다.

앞으로 집필 예정인 책이 두 권 더 있습니다. 첫 번째는 '여성 해방과 미래 사회'라는 내용입니다. 말하자면 미래를 예측하는 에세이로, 페미니즘도 반페미니즘도 아닌 관점에서 쓸 예정입니다. 그리고 두 번째 책이 『가족 시스템의 기원(1)L'origine des systèmes familiaux: L'Eurasie(1)』(2011년)의 후속으로 유라시아를 무대로 한 연구입니다. 그리고 최근, 이 두 가지 집필 프로젝트가 사실은 연결되어 있음을 알게 되었습니다.

지금부터 제가 실제로 하고 있는 독서의 과정을 소개해 보겠습니다. 꽤나 복잡하게 보일 것입니다. 그렇지만 이 복잡한 편력이야말로 중요합니다. '게걸음'이라고 하는 까닭도 바로 이 때문입니다.

두 축이 교차하는 지점

『가족 시스템의 기원』1권은 집필에 10년이 걸렸습니다. 하지만 그 책에는 조사를 마치지 못한 지점이 있었지요. 중동에서의 농업 발명부터 메소포타미아의 도시와 이집트의 농업 발전까지입니다. 이 시기에 대해 역사인류학은 전통적으로 농업의 발명을 여성과 관련지어 왔습니다. 1권에서 다 쓰지 못한 것은 이 농업의 발명과 여성의 문제였습니다.

2권은 아메리카 대륙이 무대가 될 예정입니다. 미국이 상당히 흥미로운 것은 그 역사가 수렵채집 민족의 이주로부터 시작되었음에도 이른바 구대륙의 역사로부터 완전히 독립되어 있다는 점입니다. 마치 인류의 제2의 역사와도 같습니다. 그것은 수렵채집 민족부터 중앙아메리카와 안데스에 최초의 국가가 나타나기까지의 역사입니다.

또한 신간을 쓰면서 수행한 계급투쟁 연구는 마르크스주의를 재검토할 기회였습니다. 저는 옛날부터 인간의 다양한 활동을 각각 나눠서 생각해야 한다고 말해 왔습니다. 예를 들어 경제 활동, 정치 활동, 교육 발전, 가족구조 등 모든 것을 나누어 고찰해야 한다고 말이지요. 특히 가족 시스템에 대해서는 다른 활동과 구별 지어 연구를 진행해 왔습니다.

그러나 계급투쟁에 관한 연구를 하던 중 모든 것을 명확하게 구별해 나가는 것이 어딘가 인위적인 측면이 있지 않은지 깨닫기 시작했습니다. 그리고 어쩌면 각각의 요소를 통합하는 형태의 이론을 검토해야 할 때가 온 것인지도 모른다고 생각하고 있습니다. 이 이론에서는 먼 과거의 가족 시스템을 분석함으로써 그 경제사와 계급사에 미치는 영향을 생각해 볼 수 있다는 것입니다.

마르크스K.Marx를 다시 읽는 과정에서 엥겔스F.Engels의 책『가족, 사유재산, 국가의 기원』도 다시 읽었습니다. 이 책은 학창 시절 산 책인데 계속 책장에 꽂혀만 있었습니다. 책을 읽고는 가족 내에서 여성의 역할과 사회계급, 경제 그리고 국가의 역할에 대해 다시 생각해 보기 시작했습니다.

또 하나의 보조선

아메리카 대륙에서의 여성의 지위나 가족구조에 대한 인류학적 고찰은 이미 조사가 상당히 진행되었고 데이터도 축적되었습니다. 즉 여성 해방에 관한 책과『가족 시스템의 기원』 1권은 하나의 프로젝트로 볼 수도 있습니다. 그 연구에서는 먼 옛날 미국의 역사와 선진 서양 국가 사회의 중기적인 전망에 대해 검토할 필요가 있을 것입니다. 여성에게만 초점을 맞추지 않고 여성, 가족, 사회계급 그리고 국가에 대해 횡단적으로 검토할 생각입니다.

유럽은 현재 일어나고 있는 사태들에 대해 곤혹스러워하는 상황입니다. 중국과 미국, 영국과 유럽 대륙의 대립을 눈앞에 두고 지도층 인사들은 어디로 가야 할지 모르는 상황에 처해 있습니다. 그리고 이 상황은 제1차 세계대전 전날 밤의 유럽을 생각나게 합니다. 그 무렵 지배층 사람들은 정신적으로 혼란스러워했으며, 유럽, 최종적으로는 세계를 대전으로 치닫게 만들었습니다. 때문에 그들이 당시 어떤 생각을 하고 있었는지 검토해야 한다는 생각이 들었습니다.

지금 현재, 모종의 대립을 향해 세계가 나아가고 있는 것은 느낍니다만 동맹관계는 불투명한 것이 현실입니다. 예를 들어 독일은 누구와 동맹을 맺을까요? 미국일까요, 아니면 중국일까요? 그리고 프랑스가 독일과 연대할까요? 아니면 미국일까요? 명확히 알 수 없습니다.

준비로서의 독서

그런 때에 큰아들이 호주의 연구자 크리스토퍼 클라크 C.Clark가 쓴 『몽유병자들*The Sleepwalkers*』이라는 책을 읽어보라고 권해 주었습니다. 이 책은 굉장한 화제를 불러 모은 아주 좋은 책이라 생각하지만, 그와 저의 견해가 서로 다른 것은 분명했습니다. 클라크에 따르면 제1차 세계대전은 모두의 탓입니다만 저는 어느 쪽인가 하면 독일이 그리스어로 휴블리스(오만) 상태가 되어, 결과적으로 대륙 전체를 반세기 가깝게 전쟁으로 몰아넣었다고 보기 때문입니다. 『몽유병자들』까지 이렇게 주장하고 있습니다만, 이 시점에서 보면 당시 연구에서 많이 동떨어져 있음을 알 수 있습니다. 역사학자이기에 이런 역사에 관한 문헌을 읽는 것을 굉장히 좋아하는데, 바로 이런 독서가 앞서 말한 '시민으로서의 독서'입니다.

한편, 앞서 말씀드렸듯이 그의 관점이 저와 다르다는 것을 알고 있었기 때문에 저는 이 책을 읽기 전에 준비 단계로 다른 책부터 읽기 시작했습니다. 아니카 몸바우어A.Mombauer의 『제1차 세계대전의 기원The Origins of the First World War』이란 책입니다. 이 연구는 매우 훌륭한 분석입니다. 특히 재미있었던 것은 베르사유 조약 이후 독일인의 유죄성에 대한 태도의 변천을 둘러싼 분석입니다. 전쟁의 책임이 독일 때문인지 아니면 전체 유럽 때문인지 하는 관점이 주기적으로 달라지고 있다는 것이 특징입니다. 그리고 깨달은 것은 제1차 세계대전 후 이미 1930년대에 들어 전쟁이 모두의 탓이라는 생각이 퍼져 있었다는 것이었습니다. 저도 학생 때는 그렇게 생각했지만 그 후 생각을 바꾸었습니다.

이 책을 다 읽고 나서야 클라크의 책을 읽었습니다. 확실히 좋은 책이긴 했지만 그 내용은 매우 불성실하다고 느꼈습니다. 책은 사라예보 사건에 관해 세르비아인을 과격하게 묘사하고, 러시아인들의 책임 문제도 그리며, 게다가 프랑스인은 끔찍한 괴물인 것처럼 묘사하고 있었습니다. 즉 이 책은 단순한 국제관계의 균형에 대해 쓴 것이 아니었던 것입니다. 제1차 세계대전의 책임은 삼국 협상(프랑스, 러시아, 영국)에 떠넘겼습니다. 그런데 독일에 대해서는 한 마디도 없었습니다.

새로 배운 것을 깊이 파고들다

이런 식으로 저는 며칠 동안 계속 사고를 이어갈 수 있었습니다. 물론 이 책에도 제가 몰랐던 것이 있었습니다. 그것은 1960년대, 70년대에 독일에서 일어난 역사 논쟁이었습니다. 그리고 그에 대해 프리츠 피셔F.Fischer와 한스 울리히 벨러H.-U.Wehler가 매우 흥미로운 해석을 했습니다. 피셔가 분석하고 있는 것은 제1차 세계대전 때의 독일의 오만한 목적이며, 벨러가 분석하고 있는 것은 세계대전으로 향하는 시기의 독일 국내의 세력관계와 독일 사회의 역동성에 대한 것이었습니다. 이러한 문헌을 읽으면서, 이번에는 피셔의 분석에 대해 논의하고 있는 문헌도 찾아 읽기 시작했습니다.

다만 이 문헌들을 계속 읽는 것은 어쩌면 의미 없는 작업일지도 모릅니다. 무언가를 얻을 수 있을지도 모르지만 어쨌든 제1차 세계대전의 기원에 관심이 커져 버려, 그것만을 이유로 관련 문헌을 계속 읽고 있는 상황입니다. 벨러를 읽는 과정에서 그의 역사관이 마르크스와 막스 베버M.Weber의 영향을 받고 있다는 것도 깨달았습니다.

이렇게 가족 시스템과 여성의 과거와 현재에 관한 프로젝트를 진행하면서 제1차 세계대전의 기원에 많은 관심을 가졌습니다. 그것은 한 시민으로서의 관심이기도 했지만 다른 사고방식에도 도움을 주고 있습니다. 다시 말해 과거 전쟁에 대해 생각하는 것의 중요성을 깨달은 것입니다.

　그리고 그 주제에 대해 인터넷으로도 많이 찾아보아, 제1차 세계대전 직전에는 사실 프랑스가 기술적으로 독일보다 앞섰다는 것도 배우게 되었습니다. 예를 들어 마른 전투(1914년)에서는 프랑스가 승리합니다. 당시 프랑스는 항공 분야에서 기술적으로 뛰어나 정찰기가 독일 전선의 결점을 하늘에서 내려다볼 수 있었기 때문이었다고 합니다. 폰 클루크V.Kluck 장교에 따르면 마른 전투 직전 점점 후퇴하고 있던 프랑스가 어느 날 갑자기 반격한 것입니다. 그리고 장교는 이런 전술에 대해 독일군의 매뉴얼에는 어떤 기록도 없었다고 말합니다. 이런 새로운 지식을 얻음으로써 저는 그 무렵 프랑스인의 심리 등에 대해 요모조모 생각하기 시작했습니다. 프랑스에서 흔히 볼 수 있는 특징, 난잡함과 질서 정연함 사이를 왔다 갔다 하는 모습이나 완고함과 유연성의 틈새에 대해 다시 생각하게 된 것입니다.

원래의 주제로 되돌아가다

그러던 중에 저는 원래 하고 있었던 여성의 연구를 진행하지 않으면 안 되겠다는 생각이 들었습니다. 그러나 전쟁에 관한 새로운 지식이나 가족 시스템과 국가의 관계성을 다시 생각하다 보니 어쩔 수 없이 국가의 기원이라는 문제에 부닥친다는 사실을 깨달았습니다. 그리고 혹시 전쟁과 그것을 이끄는 지도자의 출현이 국가의 기원과 연결되어 있는 것은 아닌가 하는 생각이 들었습니다.

그 후 오래지 않아 이 주제는 이미 생각해 본 것임을 깨달았습니다. 얼마 전에 샀던 문헌이 생각난 것입니다. 이렇게 독서는 마치 모험이나 여행과 같은 측면이 있습니다.

그때 읽기 시작한 것은 역시 유명한 인류학자인 제임스 프레이저J.frazer의 『왕권의 주술적 기원The magical origin of kings』이었습니다. 이 인류학자는 탄탄한 지식을 축적한 후에 고찰의 과정을 밟는 학자입니다. 이 책 첫머리에도 경험주의에 관해 매우 흥미로운 서술을 하고 있습니다. 예를 들어 왕이 전쟁을 지휘하는 것은 일반적으로는 당연하다고 생각되지만 그러므로 더욱 그 지점에서 출발해서는 안 된다고 그는 말합니다. 그것은 역사학이나 인류학, 사회과학 전반에 걸쳐 말해야 한다는 것입니다. 사실이 자신의 머릿속에서 나온다는 것은 잘못된 것이며, 사실부터 고찰해 나가야 한다는 것입니다. 그리고 이 저작에서 사실을 추적해 가다 보면 공동체 속 권력의 기원은 전쟁에서 리더들보다 오히려 주술사나 신관들이라고 할 수 있습니다.

덧붙여 이 책은 사실에 대한 기술이 매우 깁니다. 그래서 저도 전부는 읽지 않았습니다. 저도 문헌에 따라서는 속독을 하거나 건너뛰는 경우도 더러 있습니다. 혹은 한 줄 한 줄 세심하게 읽기도 합니다. 다만 이 책처럼 예가 나열되어 있는 경우 어느 시점에서 그 설명들을 이해했다면 전부 읽을 필요는 없다는 것입니다.

간격을 메우는 독서

다음으로 읽기 시작한 책이 중동의 신전에 관한 책이었습니다. 쥘리앵 샹트J.Chanteau의 『신의 무대 장치La Divine Machinerie』입니다. 비교연구 속에 고고학적 데이터도 많이 포함되어 있어 다소 이론적인 부분이 많기도 하지만 전체적으로 좋은 연구서입니다. 그리고 이 책의 끝에 '신전(신관의 자리)은 왕궁(권력의 자리)에 앞선다고 할 수 있다'는 내용이 있습니다. 여기서 저는 이 주제는 확실히 재미있지만 원래의 연구로 돌아가야겠다고 생각했습니다. 즉 한편으로 농업을 발명한 중동 사회를 연구하면서, 다른 한편으로 그것과는 독립된 형태로 농업을 발견한 아메리카 대륙의 사회 출현에 대해 연구하기에는 중동에 대한 지식이 아직 미흡하다고 생각했습니다.

그래서 이번에는 케임브리지 시절, 1972년에 구입했던 어떤 책을 생각해 냈습니다. 호주의 고고학자 고든 차일드G.Childe의 『인류사의 사건들What happened in history』입니다. 여기서 깨달은 것은, 상트가 말하고 있는 것이 특별히 새로운 것도 아니고, 이미 차일드도 말하고 있다는 것이었습니다.

차일드는 마르크스주의에 영향을 받은 인물이기도 해서, 경제가 사상에 미치는 영향에 대한 흥미로운 지적을 하기도 하고, 여성에 대해서도 기술하고 있습니다. 당시는 아직 인류사에서의 가모장제에 대해서는 루이스 헨리 모건L.H.Morgan의 이론이 수용되고 있던 시대였습니다. 이 책에서 흥미로운 것은 앞선 시대(1941년)에도 불구하고 여성에 의해 농업이 발명되었다는 모델이 묘사되어 있다는 것입니다. 수렵채집 사회에서는 여성이 수렵에 참여하지 않고 항상 채집을 도맡아 했습니다. 그래서 식물에 관한 일은 여성의 몫이었습니다. 이는 평범히 생각해 보면 지극히 논리적인 결론입니다만 그렇기에 더욱 한 번쯤은 의심해 보아야 하지 않을까, 스스로 지금까지도 혼란스러운 상태에 있습니다.

도착지를 미루어 짐작하다

이렇게 저는 연구와는 전혀 관계없는 분야까지 도달해 버렸습니다. 그러나 어쨌든 제게 연구란 이런 식으로 이루어집니다.

제1차 세계대전이란 주제에는 개인적으로 관심이 있습니다. 동시에 현대 사회, 특히 서양에서는 역사학이나 사회과학이 쇠퇴하고 있는 시대라고 느끼고 있으며, 사람들은 수정주의에 경도되어 있다고 느끼고 있습니다. 세계대전의 책임에 관해서도 수정주의적인 흐름이 존재하며, 그것이 마음에 걸려 연구를 진행해 가는 가운데 다시 한번 고전이라 평가되는 문헌을 읽었습니다.

그러면서도 서서히 원래 연구의 중심으로 돌아가려고 하고 있습니다. 그 자체도 아직 명확하지 않습니다만 가족에 관해서는 지금부터는 다소 개념론을 도입해야겠다고 생각하고 있습니다. 그리고 여성의 지위나 가족구조, 국가 권력의 출현, 고대에서부터의 전쟁 등을 포함하는 모델과 관련시킬 작정입니다. 현재 다루게 될 대상 범위는 중동과 거기에서 농업을 가져온 서구의 역사, 그리고 중남미입니다. 『가족 시스템의 기원』 2권은 국가의 출현 등에 조금 더 주목하게 될 것입니다.

결론을 내리는 용기

이렇듯 제 연구, 사고의 과정은 일탈이라고 말할 수 있습니다. 그렇게 말할 수 있다기보다 일탈하지 않으면 안 되는 것입니다. 그러면서도 연구의 축을 완전히 놓쳐서는 안 됩니다. 지금의 제 연구로 이야기를 이어간다면 현시점에서 중간 지점의 목적이라는 것을 정해 두고 있습니다. 이는 농업의 발전, 여성과 남성의 지위, 국가 권력의 출현, 전쟁, 종교와 주술의 역할, 미신 등의 관계성을 정리한 임시 모델을 그려보는 것입니다. 그리고 모델이 완성되는 시점에 지금까지 진행해 온 '자유로운 독서'를 마무리 지어야만 할 것입니다.

즉, 이런 것입니다. 방대한 문헌을 읽으면서 시간을 들여 애초의 주제에서 일탈해 나가는 것은 연구를 할 때 필요 불가결한 과정이며, 거기에는 큰 기쁨이 있습니다. 그러나 언제까지나 거기에 머물러 있을 수는 없습니다. 연구는 일탈을 반복한 후에 의지를 가지고 과감히 결론을 내리지 않으면 안 되는 때가 옵니다.

지적 생산의 과정 속에서 새로운 학설과 견해를 도출하고, 그것을 제시하기 위해서는 뇌가 제대로 움직여야 하고 지식도 축적되어야 하지만 마지막으로 필요한 것은 무엇보다 용기입니다. 결단하고 결론짓는 용기, 그리고 자신이 틀렸을지도 모른다는 위험을 감수하고서라도 결단하는 용기가 필요합니다. 맞는지 아닌지는 끝까지 알 수 없는 것입니다. 그리고 옳든 그르든 사람들로부터 쏟아지는 분노와 비판에 맞서는 용기도 필요합니다.

결단에의 두려움은 다른 사람의 반응에 대한 것이 아니라 오히려 자신의 안에 있는 것이라고 생각합니다. 자신이 결단하는 것에 대한 두려움입니다. 하지만 어느 시점에서 스스로 자신감을 갖고 '이것은 이렇다'라고 결론을 내려야만 합니다. 그것이 되지 않는 사람은 많습니다. 다만 어떤 것도 이해하고 있지 못하기 때문에 결단하지 않는 사람도 있다는 것도 덧붙여 둡니다.

어느 쪽이든 매우 즐겁고 자유로운 독서, 일탈의 단계가 여기서 종료됩니다. 그 후에 오는 것이 확인·검증을 위한 독서, 새로운 데이터를 축적하는 단계입니다. 여기서 임시 모델의 유효성을 확인하는 것입니다. 제약에 묶인 (종종 강제적인) 독서가 시작됩니다. 예를 들어 가족 시스템, 경제 등에 대한 제약이 있는 독서입니다. 그러고 나서 지식이 부족한 부분을 채우는 작업이 이어집니다. 이것은 첫 단계에 비하면 재미가 없는 작업입니다. 그리고 검증이 끝나면 책의 구성을 다듬는 작업을 하고 집필에 착수해야 합니다. 이 시점이 연구의 나머지 5%를 남겨둔 지점에 겨우 도달한 것입니다.

진행 중인 프로젝트

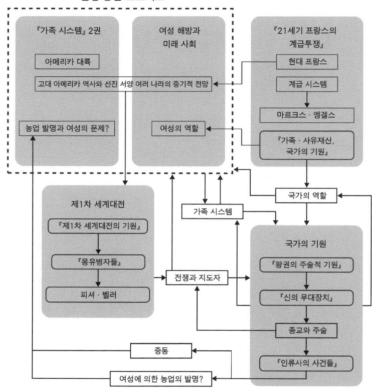

◆ 게걸음 독서의 실제 예시

2

대상

사회는 인간이다

데이터를 수집하며 축적해 가다 보면 머지않아 아이디어가 떠오르는 순간이 찾아옵니다. 아니면 가설이라고 불러도 상관없습니다. 무엇이라 지칭하든 다만 그 전에 미리 짚어두어야 할 점이 있습니다. 우리가 살고 있는 사회에 대해 생각하는 것 혹은 발언하는 것의 의미가 무엇인가 하는 것입니다.

자연과학과 사회과학 사이에는 근본적인 차이가 있습니다. 학문으로서 자연과학은 인간 사회와 분리된 자연계를 연구합니다. 반면 사회과학은 인간 자신이 자신들을 이해하고자 하는 학문입니다. 다만 사회는 인간 자신들을 보호하는 방위 기능 또한 맡고 있다고 할 수 있습니다.

사회과학의 목적이 인간 사회를 설명하는 것임은 물론입니다. 제게는 인간을 설명하는 것이 곧 사회를 설명하는 것과 다르지 않습니다. 인간은 사회 없이는 존재할 수 없으니까요. 그리고 만약 어떤 사람이 인간으로서 자신의 본질을 알고 싶어 하지 않는다면 사회를 굳이 알고 싶어 하지도 않을 것입니다.

사회로부터 덮개를 벗겨내다

이러한 질문이 기묘하다고 생각될지도 모릅니다. 무슨 말인지 조금 더 차근차근 설명해 보겠습니다.

사회학에서 고전이 되는 작품으로 에밀 뒤르켐E.Durkheim의 『자살론』(1897년)이란 책이 있습니다. 그 근본을 이루고 있는 생각은 사회학이 개인을 초월하는 것이며, 개인을 보더라도 무의식적인 집단적 현상에 주목해야 한다는 것입니다. 그러니까 무의식에 관한 사항이 원래 사회학 정의의 중심을 이루고 있는 것입니다.

물론 가브리엘 타르드G.Tarde(1843~1904년. 프랑스의 사회학자)를 같은 의미로 거론할 수도 있습니다. 그는 사회를 길게 이어지는 꿈 혹은 집단적인 악몽으로 그려냈습니다. 덧붙여 막스 베버는 『직업으로서의 정치』에서 사회학의 목적이 개인의 행동이 지닌 원래의 논리적인 의의, 그리고 가치라는 측면에서 개인의 행동이 지닌 의미를 명확히 밝히는 것이라고 말하고 있습니다. 이러한 개념틀의 연결에 관해 제대로 분석하는 추진력이 지금까지는 없었습니다만 그렇더라도 뒤르켐이 생각하는 비의식非意識과 마르크스주의의 허위의식이 상보적인 것이라고는 생각할 수 있습니다.

즉 본래의 사회학은 덮개를 벗겨내는 것입니다. 가족구조로부터 사상을 설명한다—이것이 제 입장입니다만—는 것도 다르지 않을 것입니다. 원래 가족구조에 관한 가설은 대중적인 사회정치적 마르크스주의의 경우 일종의 허위의식으로 간주하고 있습니다. 저는 이것만으로도 사람들이 지닌 인식이 실제와 얼마나 동떨어진 것인지를 절감하게 되었습니다. 그 결과 사회로부터 백안시당하는 것은, 사회학을 하는 측에서 보면 당연한 것으로 여겨질 것입니다.

우리는 문화적 모순 속에서 살아갑니다. 어쩌면 그것은 오히려 일관성 없음, 지리멸렬이라고 말할 수 있을지도 모릅니다. 오늘날은 누구나 개인의 무의식에 대해 알고 있습니다. 정신분석이라는 것은 중간 관리직 등 교육을 받은 층의 사람들이 받아들이고 있는 것이니까요. 그럼에도 불구하고 개인의 무의식에 표출되는 사회적 무의식은 받아들이지 못하고 있습니다.

사람들에게 가장 충격적인 것은 자신의 감추어진 것을 폭로하는 것입니다. 예를 들어 저는 2015년도에 『샤를리는 누구인가?』를 썼습니다. 그로 인해 자신이 관용적이라고 믿었던 사람들은 "사실 당신은 이슬람을 싫어한다"라는 말을 듣게 되었고, 승자라고 생각했던 자신이 실은 패자임이 들통났습니다. 정체성 폭로와 사회경제적 폭로의 좋은 예시입니다.

지금은 누그러졌지만 『샤를리는 누구인가?』를 처음 출판했을 때 저와 같은 사회적 지위에 있는, 양심에 거리낄 것이 없다고 전적으로 믿고 있던 사람들과 정면 대립하게 되었습니다. 저에게는 매우 괴로운 경험이었습니다.

사회를 유지하기 위한 환상

다음과 같이 말하는 것도 가능합니다. 사회가 잘 작동하도록 하기 위해서는 "사회란 중요하고 유효한 가치를 가진 것이다"라는 일종의 환상 속에 묶어둘 필요가 있습니다. 이에 대해서는 여러 인류학자가 같은 생각을 말하고 있습니다.

가족구조나 종교구조, 사상에의 신조 등은 인생에 의미를 부여하는 것들입니다. 그런데 제가 가족에 대해 세웠던 가설은 이 모든 것들을 상대화하는 것이었습니다. 저는 인생에 의미를 부여하는 것이 사실상 가족구조에 큰 영향을 받고 있다고 주장했습니다. 이런 가설을 받아들이기 위해서는 인생에 의미가 없다는 것도 받아들여야만 합니다. 이 말은 사람에 따라서는 용납하기 어려운 것이기도 합니다.

제 연구의 특수한 점에 대해 생각해 보면 더욱 알기 쉬울 것입니다. 그것은 제가 어떻게 인류학이라는 학문을 스스로의 연구에 도입하게 되었는가 하는 것입니다. 원래 인류학은 '원시적'인 사람들이나 사회를 연구하는 학문이었습니다. 이후에는 과거의 농민들을 대상으로 연구를 하기도 했습니다. 그리고 그들을 연구하면서, 그들이 믿고 있던 것이 그들 인생에 의미를 부여하는 것이라는 이해에 도달했습니다. 동시에 그들의 신앙이나 관습 등이 바깥 세계에서 보면(솔직하게 말하지는 않더라도) 어딘가 우스꽝스럽다고 보는 견해도 그 근저에는 있습니다.

인류학은 기본적으로 선진국 사회를 대상으로 하지 않습니다. 왜냐하면 '발전한' 사회는 해방된 사회이며, 삶에 의미를 부여하기 위해 존재하는 비합리적인 관습 등에서도 해방된 사회로 인식되기 때문입니다.

하지만 사실은 그렇지 않습니다. 저처럼 평등주의를 신봉하는 프랑스인도, 최초의 원시인도, 가장 발전한 인간도 모두 마찬가지이며, 같은 유전자를 가지고 결국은 죽음을 향해 가고 있습니다. 그리고 이 죽음에 대한 공포에 마찬가지로 눈을 돌릴 필요가 있으며, 절대적인 것으로 정의되는, 신앙을 기반으로 한 조직화된 공동체를 만들어 낼 필요가 있습니다. 그리고 사회과학이 탐구의 대상으로 삼고 있는 것은 이러한 존재로서의 인간이자 사회입니다.

문학에 의한 탐구

조금 더 인간이 어떤 존재인지 생각할 수 있는 방법에 대해 알아보도록 하겠습니다. 사실 소설도 그런 것 중의 하나입니다. 소설에서는 종종 평범한 인간을 중심으로 그들이 경험하는 세계를 그려냅니다. 대표적으로는 영국과 프랑스의 소설

2. 대상

을 들 수 있습니다. 한편 독일의 소설은 다소 예외적이라고나 할까요. 개인적으로는 읽어도 인간의 본질을 이해할 수 있다고 느낀 적은 별로 없습니다.

저는 톨스토이의 소설을 자주 읽었는데 러시아 소설도 인간의 본질을 잘 그려내고 있습니다. 톨스토이의 『전쟁과 평화』에서 안드레이라는 인물은 오랜 시간에 걸쳐 죽음에 이르지만, 죽음으로 향하면서도 고민하고 또 고민합니다. 다른 한편으로 전쟁에 가서 순식간에, 생각할 시간도 없이 죽어버리는 젊은이도 있습니다. 이 대비는 너무나 인상적이어서 계속 제 머릿속 한구석에 자리 잡고 있습니다.

『안나 카레니나』에 등장하는 레빈이라는 인물도 있습니다. 성실한 영주領主인 그는 안나 카레니나만큼이나 중요한 등장인물입니다. 그는 아내 키티와 함께 죽어가는 형에게 갑니다. 레빈과 형은 대조적인 인물임에도 레빈은 형의 죽음을 눈앞에 두고 어떻게든 대화를 해보려고 시도합니다. 한편 함께 간 키티는 병자의 방을 환기해 주고 베개를 두드려 주며 편안하게 해주었고 형은 실제로 그것이 가장 기뻤습니다. 제게는 이 장면이 매우 인상적이었습니다. 어쩌면 기억 속에서 다소 해석이 들어갔는지도 모르지만 이 대조적인 대응과 그 결과에는 인간이란 무엇인가가 매우 정교하게 그려져 있다고 생각합니다.

발자크H.de Balzac의 『고리오 영감』도 아주 재미있으리라 생각합니다만 사실 고리오 영감이 저 자신과 너무 비슷할 것 같아 읽지 못하고 있습니다. 어쨌든 이렇게 인간의 정신적인 면을 섬세하게 파고들어 탁월하게 표현하는 천재적인 소설가들이 있습니다. 스탕달도 마찬가지입니다. 소설 역시 인간이란 무엇인가를 그리는 하나의 방법인 것입니다.

정신분석에 의한 관찰

저는 젊었을 때 심리학에 관심이 있어서 여러 가지 책을 읽었습니다. 이 분야도 인간의 본질에 대한 이해를 깊게 한다고 생각합니다. 실제로 오텔디외 병원Hôtel-Dieu Hospital에서 정신과를 담당하던 친구가 있어서 그곳에 수용된 환자들을 정기적으로 관찰하러 다녔던 적이 있습니다.

그곳에서 본 어떤 여성은 문학을 공부한, 아주 멋진 여성이었습니다. 그녀의 행동이나 말은 지극히 평범하게 보이지만 작가 르 클레지오J.M.G.Le Clezio와 친밀한 연인 관계라는 망상에 사로잡혀 있었습니다. 또 앤틸리스 제도 출신의 재미있고 매력적인 여성도 있었습니다. 그녀의 정신 이상은 앤틸리스 제도의 전통문화에 뿌리를 둔 부두교에 근거한 것이었습니다. 그녀는 위층에 사는 이웃이 나쁜 짓을 꾸미고 있다고 믿었기 때문에 이동식 침대를 구입해 매일 밤 위층 사람들에게 들키지 않도록 이리저리 잠자리를 옮기고 있었습니다.

이러한 사람들을 관찰함으로써 인간이 어떤 상황에 빠지

게 되는지를 어느 정도 이해하게 되었습니다. 프로이트도 물론 많이 읽었습니다. 그래서 저는 그가 말하는 무의식의 존재에 완전히 동의하며, 저 자신의 무의식에 관해서도 해를 거듭할수록 점점 그 존재를 받아들이게 되었습니다.

무의식은 매우 긴장하고 있거나 혹은 정신적으로 곤란한 상황에 빠져 있을 때 표출된다는 것을 깨달았습니다. 몸에 나타나거나 혹은 신경적으로 피해를 입을 수도 있습니다. 그래서 저는 저 자신이 한 가지로 이루어져 있다고 생각하지 않습니다.

덧붙여 무의식에 대해 이렇게 말하는 사람이 저뿐만은 아닙니다. 예컨대 아이작 아시모프I.Asimov라는 SF 작가를 들 수 있습니다. 그는 과학자이기도 했지만 문제의 해결책을 도저히 찾지 못할 경우 영화를 보며 자신의 무의식을 작동시킨다고 분명히 말했습니다. 영화관에서 나오면 무의식의 도움으로 답을 찾을 수 있었다는 것입니다.

어쨌든 제가 이야기하고 싶은 것은, 개인을 관찰함으로써 인간을 이해하는 데에는 여러 방법이 있다는 것입니다. 예컨대 소설처럼 개인을 묘사하는 방법, 심리학이나 정신분석처럼 개인을 관찰하는 방법 등이 있습니다. 그래서 저는 내면의 성찰이나 관찰 등의 방법을 극구 반대하지는 않습니다. 그렇지만 거기에도 함정이 있음을 잊지 말아야 할 것입니다.

합리주의와 경험주의

세상에는 프랑스의 합리주의라는 전통을 이어가는 철학자들이 있습니다. 그들은 일반적으로 자신의 머릿속을 탐구하여 인간이라 지칭되는 존재가 도대체 어떤 존재인지 생각합니다. 이 가운데 가장 대표적인 것이 "나는 생각한다, 고로 나는 존재한다"라고 말한 데카르트입니다. 철학은 항상 의미의 변화를 포착하며, 인과관계도 의미가 흐릿한 용어나 개념에 의해 왜곡되게 됩니다. 최종적으로는 확실히, 명백한 논리 전개가 부분적으로 포함되기는 하겠지만 그 밖에는 모호합니다. 제게 철학의 세계는 이처럼 모호한 세계입니다.

프랑스인은 데카르트적인 합리적 정신을 가지고 있다고 합니다. 땅에 발을 딛고 사고하는 사람들이라고 불리기도 합니다만 이 데카르트적인 정신을 가진 주체들이 제게는 정반대로 현실을 벗어난 사람들을 가리킨다고 생각합니다. 이러한 정신 구조와 프랑스인다움을 연결 짓는 것 자체가 프랑스의 국가적 환상의 중심에 있다고까지 제게는 여겨집니다.

예를 들어 마크롱은 아무 말이든 내뱉습니다. 그는 프랑스가 세계에서 가장 권위 있는 나라이고 미국, 중국, 독일, 러시아 등과 비교되는 강대국이라고 말합니다. 이것이야말로 현실과 완전히 동떨어져 있는 데카르트적인 관점입니다. 어쩌면 이것이 바로 프랑스의 문화적 취약성이라고 말할 수 있는 것은 아닐까요?

이와 달리 저는 어느 정도 앵글로색슨 유의 경험주의에 충실한 인간입니다. 저의 경우 숫자를 다루면서 그 결과 인간이란 무엇인가 하는 것을 반세기 가까이 이해하기 시작했다고 말할 수 있습니다. 경험주의란 아주 간단하게 말하면 사실(팩트)을 무엇보다 중시하는 입장입니다. 저는 이런 태도를 기반으로 어떤 선험적인 명제 없이 출발합니다. 저는 데카르트적인 합리적 정신의 소유자가 아닙니다. 자신의 머릿속에 참된 진리가 존재한다고는 전혀 생각하고 있지 않습니다.

제게 과학적인 절차란 풍부한 사실을 눈앞에 두고 먼저 가설을 떠올리는 것입니다. 물론 이 또한 자신의 머리에서 나오는 것이지만, 그다음 이 가설이 모든 사실에 부합하는지 아닌지를 하나하나 확인해 가야 합니다. 전 이렇게 해서 연구를 진행해 왔습니다.

숫자를 제시하며 남을 설득하는 방법이 프랑스에서는 항상 높게 평가받지는 않습니다. 프랑스에서 위대한 지식인으로 인정받기 위해서는 추상적인 의미의 '인간'에 관해 말해야만 합니다. 연구에 숫자를 들이미는 순간 평가가 조금 낮아지는 것이 현실입니다. 마치 숫자가 있으면 '철학의 순수함'이 훼손되기라도 하는 것처럼.

프랑스는 고등학교 수업에 철학이라는 교과가 있는, 어찌 보면 특수한 교육을 하고 있습니다. 그리고 과거의 위대한 사상가들에 대해 배우게 되는데, 철학이 예지의 탐구인지, 지성의 추구인지는 명확하게 정의되어 있지 않습니다. 어쨌든 소크라테스, 플라톤, 데카르트와 칸트에 관해 배우고, 의식이란 무엇인지, 사고와 언어의 관계는 무엇인지 등에 관해 생각하지 않으면 안 되는 것입니다.

지금은 이런 수업도 재미있을지 모른다고 생각하기도 하지만 당시의 저는 그렇지 않았습니다. 이과 과정을 선택하고 있었던 저는 이 철학 수업이 무엇을 요구하고 있는지 전혀 이해할 수 없었고, 그 당시 공산주의에 경도되어 있었기 때문에 수업 중에는 책상에 소련 깃발을 꽂고 있었습니다. 하지만 선생님도 그것을 아주 재미있게 생각해 주셨던 것 같습니다. 왜냐하면 저는 제가 철학 수업을 거부하고 있다고 생각했지만 선생님 입장에서는 거꾸로였던 셈입니다. 즉 선생님의 입장에서 보면, 저는 그러한 행동을 통해서 인간이란 무엇인가 하는 것을 구체적인 관점에서 '생각하고 있는' 학생이었던 것입니다.

역사가 말하게 하라

한편, 역사학자의 역할 가운데 역사 서술이 있습니다. 사건을 분석하거나 스토리를 이야기하는 사람들은 종종 인간이란 이러저러하다는 것을 선험적인 기반으로 하여 역사적 사건을 해석해 나가는 입장을 취하고 있습니다. 인간은 폭력적이다, 선하다, 악하다, 다양하다 등등. 특히 역사상의 인물, 카이 사르나 알렉산더 대왕 같은 사람들을 말할 때 그 경향은 현저하게 나타납니다. 그들의 성격이나 인물상에 대해서는 많은 이야기가 언급되어 왔습니다. 하지만 저는 이런 방식을 택하지 않습니다. 역사야말로 인간을 정의한다고 생각하기 때문입니다.

마찬가지로 '인간이란 무엇인가'라는 추상적인 물음으로부터 출발하면, 어디선가 잘못되어 버릴 것이라고 저는 생각하고 있습니다. 내성적인 사고를 아무리 반복해도 결국 외부에 존재하는 현실 세계와 맞닥뜨릴 수는 없습니다. 제가 스스로를 경험주의자라고 말하는 것도 이러한 의미입니다. '인간이란 무엇인가'하고 자문하며 관념에서 출발하게 되면 역사를 잘못 보거나 혹은 왜곡하게 됩니다. 그렇지 않으려면 무엇보다 선입견이나 이데올로기를 최대한 옆으로 밀쳐두고 역사를 보아야만 합니다. 인간의 역사를 배우다 보면 그로부터 사회에 존재하는 인간과 인간 사이의 다양한 관계성이 보입니다. 이 역사야말로 '인간이란 무엇인가'를 말해 주는 것입니다.

예를 들어 최초 중동에서 비롯된 농업 발전은 평화적인 공동체에 의한 것이었다고 알려져 있습니다. 하지만 금방 폭력성이 높아지게 됩니다. 농민들 앞에는 수렵 민족이 버티고 있었고, 그들은 농민들처럼 평화적인 사람들이 아니었습니다. 그리고 몇몇 문명에서는 기술적 발전을 이루는데 그 과정에서 여성들을 가둬두기 시작합니다. 그럼으로써 기술 발전의 속도가 느려지는 것도 역사에서 알 수 있습니다. 또한 경제 발전보다 프로테스탄티즘이 문맹 퇴치율 향상에 중요한 역할을 담당했다는 사실도 알 수 있습니다.

이 역사적 사건들로부터 인간이란 무엇인가를 배울 수 있습니다. 역사를 봄으로써 인간이 할 수 있는, 가능한 모든 것을 바라볼 수 있게 되는 것입니다.

그렇게 하면 결국 무엇이 드러나게 될까요? 바로 인간의 유연성입니다. 이렇게 생각해 보면 인간에게는 선도, 악도 있다고 하는 종교적인 결론에 도달할 것 같습니다만 저는 이 문제에 대해 선험적으로는 말할 수 없다는 입장입니다. 역사를 묘사하는 것이 역사적인 설명보다 훨씬 더 중요하고 현실적인 것이라고 생각합니다. 좋다거나 싫다거나, 선하거나 악하거나 하는 선험적 생각에서 벗어나 자유로운 관찰자로 있을 때 일견 복잡하기 짝이 없는 역사적 현실 속에 모종의 법칙성 같은 것이 보이는 경우가 있습니다.

중요한 것은 역사적 사건을 시간에 따른 배열로 파악하는 것입니다. 예를 들어 종교의 위기는 문맹 퇴치율의 향상보다 앞에 오는 것인가, 여성의 지위 하락 현상은 기술 발전보다 오래전부터 시작되는 것인가 등입니다. 이들 배열은 인간이란 어떤 존재인가 하는 가설을 전혀 거론하지 않고서도 많은 것을 그려낼 수 있게 해줍니다. 그리고 그것을 통해 결과적으로 인간이란 어떤 존재인가가 수면 위로 떠오르게 됩니다.

신앙심과 지성의 발전을 관찰하거나 교육을 통한 발전 과정에서의 여성의 중요성 등을 이해하게 되는 시점에서 보이는 것이 있을 것입니다. 또 인간이 서로를 죽이거나 고문하는 동물이라는 것도 역사를 통해 알 수 있습니다. 아즈텍 제국의 역사를 공부하다 보면 거기에는 잔혹함이나 신앙심과 과학이 복잡하게 얽혀 있다는 것을 알게 되고, 거기에서도 또한 인간의 모습이 드러납니다. 이 역사적 관점이라는 것이, 인간을 이해하기 위해서 데카르트의 '나는 생각한다. 고로 나는 존재한다' 보다 몇 배나 강력한 것이라고 저는 생각합니다. 또한 정신의학보다, 소설보다 강력한 것입니다. 이 둘 중에서 선택하라고 한다면 저는 정신의학보다 소설이 인간의 본질을 이해하는 데에 더 강력한 것이라 생각하고 있지만 말입니다.

모든 것은 역사다

역사를 배우기 시작할 때부터 그런 것은 아니지만 해가 지나면서 이렇게 생각하게 되었습니다. 어쨌든 역사는 모든 것을 포함한다는 것입니다. 따지고 보면 사회학이나 인류학 등도 모두 역사에 포함되는 것입니다. 알렉산더 대왕이든 로마 제국이든 다르지 않습니다. 농업기술의 발전도 마찬가지입니다. 뒤르켐의 『자살론』도 그렇습니다. 자살률이 19세기에서 1914년의 제1차 세계대전에 걸쳐 부르주아 사회에서 점차 높아졌다는 점도 바로 역사입니다. 정치사도, 군대의 역사와 심성사心性史도, 경제사도 어쨌든 모두 역사입니다. 그리고 이것이 바로 아날학파의 유산입니다.

저의 경우 역사를 연구하는 것은 생각하는 것과 연결되어 있습니다. 역사를 생각한다는 것은 인간에 대해 생각하는 것과 같은 것입니다.

제 큰아들인 니콜라가 했던 말입니다만, 생물학은 생물의 발전이라는 역사적인 측면을 가지고 있습니다. 생물의 구조는, 그 생물체가 어떠한 진화를 달성해 왔는가 혹은 다른 생물은 어떠한가 하는 지식을 얻어야 힘겹게 알 수 있는 것입니다. 이것도 역사인 것입니다.

아주 평범한 것을 말하고 있는 것 같지만 사회나 인간의 발전 과정을 역사적인 관점 없이 생각할 수 없다는 것은 그래서입니다.

어떤 지인에게 이야기한 적이 있는데 저는 원래 과학사와 수학사에 관한 책을 읽는 것을 좋아합니다. 그러니까 프랑스의 교육에서 매우 유감스럽게 생각하는 것 중 하나는, 교육 과정에서 과학이나 수학에 관한 한 최신의 정보밖에 학생들에게 전수하지 않는다는 점입니다. 이 점은 일본(이나 한국)도 마찬가지 아닐까요? 무작정 최신의 연구 성과나 최첨단의 것만을 가르치고 있습니다. 물론 그것도 필요하지만 과학의 역사를 배운다는 것은 인간이 어떻게 과학적인 의문을 품고 그 답을 찾아갔는가 하는 과정을 배우는 것이며, 그 또한 중요한 것입니다. 과학의 역사도 인간의 지적인 발전에 대해 중요한 것을 밝혀주고 있기 때문입니다.

18세기와 19세기 교육에서는 고대 그리스와 고대 로마의 역사를 배우는 것이 지성을 길러준다고 생각해 왔습니다. 이전에는 역사를 배우는 것과 지적 능력의 발전이 연결되어 있었던 것입니다. 그런데 오늘날의 역사교육은 예전에 비해 설교적이고 규범적인 점을 중시하고 있는 것 같습니다. 예컨대 선과 악이란 무엇인가를 판단하려고 드는 것과 같습니다. 그 규범을 바탕으로, 어디로 가야 할지를 생각하게 만들려는 것입니다. 그리고 프랑스에서 배우는 역사는 유럽 연합적인 것이 되어버렸습니다.

역사는 해석에 따라 다르다는 것이 분명하며, 여러 가지 이견이 있는 것도 인정합니다. 그러나 그 근저에는 뒤집을 수 없는 진리가 깔려 있습니다. 인간 사회가 역사에 대해 계속 거짓말을 늘어놓는다 해도 깊숙한 곳에는 역사의 진리가 존재하고 있습니다. 어쩌면 그 진리는 역사가 끝날 때까지 인간에게는 계속 가려져 있을지도 모릅니다. 그렇더라도 역사의 진리는 존재하며, 저는 얼마 안 되지만 그 일부를 이해했다고 생각합니다. 확실히 진리를 추구하는 싸움의 과정에서 제가 사회에 졌던 적도 없지 않았습니다. 그러니 제 저작이나 제가 발견한 진리가 앞으로도 계속 이 사회에 남게 될지는 여전히 알 수 없습니다.

3

창조

착상은 사실에서 비롯된다

지금까지 말했듯 자신보다 앞선 많은 사람이 생성해 온 데이터를 최선을 다해 받아들이는 것이 정말 중요합니다. 그렇게 지식을 축적해 나가다 보면 어느 날 갑자기 아이디어가 샘솟는 순간이 오게 될 것입니다. 그것은 순전히 우연한 일입니다. 통제할 수 없는 무의식적인 메커니즘을 통해 솟아나는 아이디어는 이성적으로 계획된 것과는 정반대입니다.

'발견'이란 무엇인가

지금으로부터 반세기 남짓 전의 일입니다. 케임브리지 대학에서 박사 논문을 쓸 당시 저는 논문을 위해 양적 데이터를 수집했고, 프랑스, 이탈리아, 스웨덴의 마을 주민들 명단을 면밀히 조사했습니다. 예를 들어 가족구조를 재구성하거나, 이

들 마을이나 작은 교구 단위로 농민 인구의 유동성을 검토하거나, 나아가 혈연관계의 밀도를 살펴보기도 했습니다. 이 연구는 대단히 경험주의적인 방법이었습니다. 다소나마 역사연구의 방법론이나 역사란 무엇인가를 원론적으로 검토할 필요가 있다고 느끼기는 했지만 결국 그 부분에 대해서는 탐구하지 않았습니다. 그래도 이때의 경험이나 배움이 그 후 저의 몇 가지 '발견'의 기반이 되었음은 분명합니다.

이즈음에서 사고란 무엇인가라는 문제로 다시 돌아가 보겠습니다. 제게 사고한다는 것의 본질은 어떤 현상과 현상 사이에 있는 우연한 일치나 관계성을 찾아내는 것, 즉 발견을 하는 것입니다. 제게는 방법론이나 추상적인 질문보다는 이것이 훨씬 중요한 문제입니다. 제게 '발견'이란 변수 간의 일치점을 알아내는 것을 의미합니다. 그렇다고는 해도 실제로, 사회과학 연구자의 대부분은 별다른 발견을 하지 않습니다. 이과 계통의 학문과 달리 모든 것을 과학적으로 확인할 수 있는 것이 아니기 때문입니다. 그런 의미에서 제 태도는 어쩌면 이과 계통의 과학자와 비슷한 것일지도 모릅니다.

어쨌든 어떤 영역일지라도 과학의 출발점이 되는 것은 굉장히 방대하고 복잡한 데이터입니다. 그 데이터는 대체로 입수하는 과정에서부터 어려움이 적지 않기에 데이터의 수집과 검토는 특히나 대단한 작업입니다. 그런데 그런 작업을 하다 보면 어느 날 갑자기 체계적인 아이디어가 생각나기도 합니다. 게다가 이 착상이라는 것은 대체로 그 자체로는 놀라울 정도로 단순한 것입니다. 일반적으로 과학에서 번뜩이는 영감이나 아이디어는 본질적으로 단순한 것이 많습니다. 아이디어를 생각해 낸 후에야 알 수 있는 것은 그 아이디어가 누구에게나 명백하고 이해 가능한 것이라는 사실입니다

덧붙여서 아이디어, 가설, 직감의 차이를 제대로 정의하는 것은 어렵기 때문에 저는 그것들을 뭉뚱그려 '브레이크 Break(브레이크는 상대방의 서비스 게임을 따내는 경우를 말한다. 여기에서는 좋은 기회를 의미한다 - 옮긴이)'라고 지칭하고 있습니다. 무언가가 떠오르는 순간, 그때가 바로 테니스에서 말하는 브레이크의 순간입니다. 무언가 흥미로운 것을 발견했다는, 무언가가 있다는 감각입니다. 혹은 수집한 데이터들 속에서 특이한 점을 발견하고, 그 의미를 찾아낼 수 있던 때를 가리킵니다.

데이터의 축적에서 착상으로

브레이크, 즉 이러한 직관적인 아이디어를 얻는 데에는 15초면 충분합니다. 그러나 거기에 도달해, 현상끼리의 우연의 일치를 발견하기 위해서는 사실상 몇 년에 걸친 지식의 축적이 필요합니다. 예를 들어보겠습니다. 저의 경력 중 중요한 하나는 공동체 가족과 공산주의의 관계를 발견한 것입니다.

그것은 가족구조의 종류를 연구하던 시기의 일이었습니다. 아직도 선명히 기억하고 있습니다. 어느 날 집의 소파에

누워 있던 저는 1970년대부터 80년대 초까지 공산주의 전성기의 사상별 세계 지도와 공동체 가족의 구조 지도가 서로 겹친다는 사실을 갑자기 깨달았습니다. 그리고 이 관련성에 대한 검증을 진행해 나가면서, 세계적인 규모로 나의 가설을 확인할 수 있다는 것이 명확해졌습니다.

아이디어 자체는 아주 자연스럽게 생각해 낸 것이지만 공산주의라 하면, 저는 16살 때 청년 공산당의 구성원이었고, 관심을 가진 이래 쭉 그것에 대한 지식을 축적해 왔습니다. 또한 가족구조에 대한 데이터 축적의 대부분은 케임브리지에서 박사 논문을 쓰던 무렵까지 거슬러 올라갑니다. 즉 직감으로는 고작 15초에 불과하지만 지식의 축적에는 오랜 세월이 걸렸던 것입니다.

제가 이런 아이디어를 발전시킬 수 있었던 이유는 그 시대에 경기가 좋았기 때문이기도 한 것 같습니다. 1970년대부터 90년대까지는 아직 경제적으로나 사회적으로 절박한 상태에 있지는 않았기 때문에 이러한 질문을 던질 수 있었습니다. 경기가 좋다는 것은 우리에게 경제적인 함수보다 더 깊은 역사적인 함수를 천천히 들여다볼 시간과 공간을 제공했다는 것을 의미합니다.

무의식적으로 뒤섞이는 과정

또 하나 중요한 것은 이때 얻은 직감이 사실은 혼자만의 사고에 의한 것이 결코 아니었다는 점입니다. 가설을 세운 시점에는 그 일에 대해 완전히 잊고 있기는 했습니다만.

1978년에 앨런 맥팔레인의 『영국 개인주의의 기원*The origins of English individualism*』이라는 책이 출간되었습니다. 당시 〈르몽드Le Monde〉지에서 서평을 담당했던 저는 맥팔레인의 저서를 읽고, 그 학설에 드러나는 모순(영국의 마술에 관한 주장)을 지적하면서도 이 책에 관해 매우 호의적인 서평을 썼습니다. (덧붙여 맥팔레인은 제 박사 논문의 심사도 하고 있었습니다.)

이 책에서 그는, 제가 생각해 낸 가설과 비슷한 것을 이미 말하고 있었습니다. 그의 경우는 러시아가 아니라 영국이 무대였고, 저의 지도교수이기도 했던 피터 라스렛P.Laslett이 그 역사가 오래되었음을 증명한, 핵가족을 대상으로 하고 있었습니다. 맥팔레인은 이 책에서 오래된 핵가족과 영국 개인주의의 관계성에 대해 쓰고 있었던 것입니다. 그러니 가족구조와 사상의 관계에 대해서 가장 먼저 발견한 것은 맥팔레인이라고 할 수 있습니다.

다만 그의 관점은 상당히 자국 중심적이고 영국의 특수성을 그리고 있었습니다. 이에 저는 가족 시스템의 유형을 개선하고 그의 학설을 한층 더 일반화시켰습니다. 어쩌면 프랑스의 보편주의적 태도일 수도 있지만 이것이 제가 새롭게 기여한 점입니다. 요컨대 저는 오래된 가족구조와 근대화의 단계에서 표출되는 정치적 경향이나 사상의 관련성이 영국에 한하는 것을 넘어 일반화할 수 있다고 생각했습니다. 그러나 애초에 이 직감을 얻을 수 있었던 이유 중 하나가 맥팔레인의 연구가 먼저 있었기 때문이라는 사실을 곧바로 알아채지는 못했습니다. 어쨌든 저는 저 자신이 대단한 발견을 한 훌륭한 연구자라고 생각한 것입니다.

여기서 말할 수 있는 것은, 아이디어를 얻는 것, 혹은 변량이나 변수의 관련성이나 시간·공간에 있어서의 일치 등을 알아채는 이면에는, 어떠한 무의식의 메커니즘이 작용하고 있다는 것입니다. 단순히 방대한 정보를 입력하는 것만으로는 충분하지 않습니다. 이러한 정보를 완전히 소화시켜 확실히 의식되지도 않는 부분까지, 즉 무의식의 수준에까지 깊게 가라앉힐 필요가 있다는 것입니다. 그러기에는 시간이 걸립니다. 머지않아 의식하지도 못하는 사이에 다른 정보끼리 자연스럽게 뒤섞여 있다가 어느 날 새로운 아이디어로 불쑥 튀어나오게 될 것입니다.

아이디어를 어떻게 다룰 것인가

가족구조와 사상이 지도상으로 일치한다는 사실을 알아차린 저는, 그 가설을 세계적인 규모로 확인하는 작업에 1년을 들였습니다. 그때 저는 19세기에 프레데리크 르 플레F.Le Play(1806~1882. 프랑스의 사회학자, 사회개량가)에 의해 구축되었던 단순한 가족 모델을 다소 개량한 것을 사용하였습니다. 르 플레가 반동적인 사상가였음을 어렴풋이 알게 되었지만 제게는 아무래도 좋은 일이었습니다.

제가 어떻게 작업을 진척시켰는지를 말하자면, 인류박물관 도서관에 틀어박혀 세계 모든 지역의 데이터를 찾고, 가족 시스템을 분류·정리해 나갔습니다.

이 시점에서 저의 태도는 자신의 연구와 성실하게 마주하는 학자 그 자체로, 무작정 자신이 찾아낸 훌륭한 발견에 열중하느라, 그로부터 뒤따르게 될 사상이나 사회의 반응에는 전혀 신경을 쓰지 않았습니다. 유일하게 제가 느끼고 있었던 두려움은 과학자로서의 두려움이었습니다. 즉 다른 사람에게 이 아이디어를 뺏기지는 않을까, 누군가가 앞질러 발표하지는 않을까 하는 불안과 우려였습니다.

제 아이디어가 극히 단순한 것이라는 점이 그와 같은 불안에 쫓겼던 이유이기도 했지만, 단지 그 때문만은 아니었습니다. 여기에서 설명해 두어야 하는 것은 제가 이것을 생각하고 있었던 당시의 시대 배경입니다. 그 시대는 가족구조에 관한 연구가 굉장한 속도로 발전하고 있었던 시기였습니다. 그런 가운데에서도 사상계는 아주 안정적인 시기이기도 했습니다. 저의 발견이 가족구조와 사상의 연관성에 관한 것이었기 때문에 다른 누군가가 저보다 앞서 같은 발견을 했다 하더라도 전혀 이상한 일이 아니었습니다. 발견한 순간부터 제게는 이 이론이 어떻게 생각하더라도 명백한 것이었기에 누군가 앞질러 발표하지 않을까 전전긍긍하면서 그런 일이 일어나지 않도록 책의 집필을 서두를 수밖에 없었던 것입니다.

착상의 계기가 되는 데이터 자체는 누구라도 쉽게 접할 수 있는 곳에 굴러다니고 있었습니다. 저와 비슷한 분야에서 같은 데이터를 마주하고 있던 학자로 데이비드 커쳐D.Kertzer가 있습니다. 케임브리지 시절, 제 연구 대상은 이탈리아 토스카나 지방의 프라토Prato라는 마을이었지만 개인적으로도 공산주의에 흥미가 있었기 때문에, 그것이 베이스가 되고 최종적으로 러시아와 공산주의의 붕괴에 도달했던 것입니다.

한편 커쳐는 1948년생으로 저보다 연상이었습니다. 1980년에 이미 『공산당과 기독교: 이탈리아 공산당의 종교와 정치투쟁Comrades and Christians: Religion and Political Struggle in Communist Italy』이란 저작을 간행했으며, 저와 같이 이탈리아 중부의 가족과 공산주의에 관해 연구하고 있었습니다. 그렇지만 그는 자신이 발견한 연구 사이의 관계성을 깨닫지 못하고 있었습니다. 저는 왜 그가 이 생각을 하지 못했는지 계속 의아해하고 있습니다.

한번은 제 저작에 관한 비평에서 그가 제 이론을 "미쳐 있다"라는 말로 표현했다는 것을 알고 놀랐던 적도 있습니다. 그가 저와 같은 데이터를 가지고 있었던 것은 명백합니다. 그 차이는 어쩌면 저는 맥팔레인을 연구했지만 그는 그렇게 하지 않았던 것 때문이 아닐까, 혹은 그가 말했다시피 단순히 제가 약간 '미쳐 있'었기 때문은 아닐까 생각하고 있습니다. 사실 제 학설은 사회에서는 거부되고 있었기 때문입니다. 혹은 제가 대학이란 틀 안에서 연구를 수행하고 있지 않았다는 것도 관계가 있을 것입니다. 저는 그 같은 틀에서는 벗어나 있었던 것입니다.

데이터에 의미를 부여하는 힘

다음으로 가장 첫 저작인 『최후의 전략*La chute finale: Essai sur la décomposition de la sphère soviétique*』(1976년)을 쓴 계기가 된 또 다른 직감에 대한 이야기를 해보려고 합니다. 케임브리지에서 박사논문을 완성하고 통과되기를 기다리고 있던 시기에, 프랑스 국립인구학연구소의 도서관(후에 저는 이곳의 도서관장직을 맡게 됩니다)에 갔을 때의 일입니다. 저는 그곳에서 어떤 통계서를 획획 넘기고 있었습니다. 그리고 선 채로 WHO의 세계 연감을 읽고 있을 때 소련 중에서도 특히 러시아와 우크라이나에서 유아사망률이 높아지고 있음을 나타내는 숫자를 찾아냈습니다. 그 후 어느 시점—분명 1974년이었다고 생각합니다—부터 러시아는 그 수치의 공표를 그만두었습니다. 이때 저는 특별히 무엇을 생각하고 있었던 것도 아니고, 어떤 목적이 있었던 것도 아니고, 그저 호기심에 들춰보다가 이것을 발견하게 된 것입니다.

보통이라면 유아사망률 상승을 나타내는 수치를 본다고

해서 곧 소련이 붕괴한다는 직감을 얻지는 않을 것입니다. 제가 그 발견의 의미를 깨달을 수 있었던 배경에도 역시 지금까지 축적해 왔던 것과 관계가 있습니다.

그 첫 번째는 역사학자로서의 경력입니다. 역사인구학에서 배운 기초가 있었기 때문에 거의 직감적으로 유아사망률이 무엇을 의미하는지를 이해할 수 있었습니다. 그리고 이 데이터의 뒤에는 인간의 생활이 있다는 것도 알고 있었습니다. 유아사망률은 0세부터 1세 사이 어린이의 사망률을 말합니다. 그러니까 전 세계에서 유아사망률이 저하하는 가운데 유독 거꾸로 상승하는 사회에는 무엇인가 문제가 있다는 것입니다. 저는 이미 그 유아사망률이 경제의 활력, 가족구조, 보건위생제도 등과 맞물려 있음을 감지했습니다.

'보통'이라는 이상함

그것뿐만 아니라 제가 막 헝가리 여행에서 귀국한 직후였다는 것도 관계가 있습니다. 저는 젊은 시절 오토바이를 타고 여기저기 여행하기를 즐겼습니다. 사실 헝가리에는 어떤 여자아이를 쫓아갔다는 속사정이 있기도 했지만 연애의 의미에서 그 여행은 완전히 참담한 실패로 막을 내렸습니다. 그 여자는 제게 전혀 관심이 없었기 때문입니다. 그렇지만 저와 친구들을 집으로 초대해 주었고, 헝가리의 지식인층 가족과 2주 남짓 함께 보낼 수 있었습니다. 이것이 철의 장막 너머로 간 최초의 경험이었습니다.

헝가리는 그 당시 사회주의 국가들 가운데 가장 안정된 사회였지만 거기에서 목도한 것은 그다지 발전되지 않은 나라였습니다. 그리고 제가 이상하다고 생각한 것은 헝가리가 다른 서방 국가들에 비해 그렇게 특별할 것도 없는, 그저 보통이라는 것이었습니다. 생활수준이나 자유의 정도 등의 측면에서도 그랬습니다. 예를 들면 1968년에 방문했던 스페인의 상황과 큰 차이가 없었습니다. 공산주의야말로 무언가 다른 훌륭한 것을 만들어 낸다고 믿었던 저는 그 사실에 놀랐고, 헝가리에서 본 그 '정상성'으로부터 거꾸로 새로운 길을 보았던 것입니다.

이것이 여행을 할 때 얻을 수 있는 바람직한 통찰이라고 생각합니다. 통찰력에 요구되는 것은 정상이 아닌 부분을 인정하는 것입니다. 그리고 헝가리의 경우 정상이 아니었던 것은 그것이 어디에나 흔히 있는 보통의 국가였다는 사실이었습니다. 덧붙여 또 더욱 놀랐던 사실 중의 하나는 공산주의가 어떻게 되든 상관없다는 젊은이들이 많았다는 것이었습니다. 이 헝가리 여행에서 저는 반공산주의적이 되었다고 말할 수 있습니다. 그리고 이러한 축적의 결과 소련은 붕괴될 것이라는 가설에 이른 것입니다.

착상을 구체화하다

어떤 의미에서는 가설이 완성된 시점에서 작업은 대부분 끝난 것이나 마찬가지입니다. 그다음은 이 직감에 어떻게 형태를 부여하는가가 관건입니다. 집필도 물론이며, 이론적인 모델 구축 작업도 필요합니다.

저는 먼저 획득한 아이디어를 정리했습니다. 아날학파를 통해 습득한 방법에 따라 제1부에서 경제를, 제2부에서 심성을 다루었습니다. 이 모든 것들은 처음에 얻은 직감을 구체화한 것일 뿐입니다. 물론 그 후 출생률 저하 등 데이터를 새롭게 확보하기도 했습니다. 또 출생률 저하와 사람들의 합리성 향상 사이에 거의 확실한 법칙성이 있는 것도 확인할 수 있었습니다. 그리하여 소련 시스템이 안정적이라는 평가는 재검토되어야 한다는 주장의 근거를 모두 갖추었습니다.

또 이 사실은 러시아인이 다른 지역 사람들과 비교할 수 없는 특수한 사람들이라는 그간의 인식을 깨뜨렸고, 러시아인도 결국은 다른 사람들과 같다는 것을 증명했습니다. 인구학은 제게 직감, 나아가 모종의 법칙을 부여해 주었습니다.

한층 더 분석을 이어가는 가운데 그 무렵 소련의 대외무역이 개발도상국의 대외무역과 다를 바 없는 것, 즉 원자재 수출에 의존하고 있다는 점도 더했습니다. 참고로 인구 데이터와 경제 데이터가 있으면 저는 항상 인구 데이터를 우선적으로 살펴봅니다. 왜냐하면 인구 데이터가 더 정확하기 때문입니다. 인구는 태어나는 것은 반드시 죽는다는 절대적인 법칙에 묶여 있기 때문에 왜곡하기가 어렵습니다. 그래서 러시아는 유아사망률 통계 데이터를 왜곡하는 대신 공표를 중단하는 방향을 택했습니다. 그 시대에는 경제 데이터 역시 조작되는 경향이 왕왕 있었습니다.

앞서 서술한 유아사망률 수치를 발견했을 때 영향을 주고 있던 것은 이러한 경험과 역사인구학의 지식이라는 두 가지였습니다. 이와 같이 착상의 이면에는 반드시 제대로 조직화된 사고는 아니라고 해도 대규모 지식의 축적이라는 이면의 작업이 있습니다. 그러면 어느 날 착상은 우연이라는 형태를 취하고 우리 눈앞에 나타나는 것입니다.

아이디어를 방해하는 것

우선 여기서 함께 생각해야 할 점은 직감이나 아이디어가 떠오르지 않을 때 그 까닭이 무엇일까 하는 점입니다. 거기에는 두 가지 이유가 있을 수 있습니다.

첫 번째는 우리 안에 무의식적이고 분방한 사고의 틀이 없다는 것입니다. 그것은 즉 ①데이터를 파악하는 능력이 부족하다, 혹은 데이터의 축적이 불충분하다, ②앞서 언급한 유아사망률과 같이 각각의 데이터의 의미나 그 배경을 이해하는 능력이 불충분하다, ③맥팔레인의 선행 연구와 관련하여 언급했듯이 새롭게 인식한 데이터가 무의식의 차원에서 뒤섞일 정도로 깊게 정착되어 있지 않다, ④어떤 데이터와 다른 데이터, 어떤 현상과 다른 현상을 결부시켜 생각하려는 시행착오를 겪지 않고 있다(물론 여기에는 우연도 크게 작용합니다) 등의 이유가 있습니다. 착상의 실마리에 대해서는 차후에 다시 이야기하겠습니다.

어느 데이터나 정보가 무의식 속에 안착하기 위해서는 그것이 자신에게 얼마나 '중요한' 것인가도 관계되어 있습니다. 예를 들어 『최후의 전략』을 쓰는 계기가 된 유아사망률 데이터는 제게는 정말 '중요한' 데이터였습니다.

데이터의 중요성을 좌우하는 것은 여러 가지입니다. 우선 경제지표보다 인구학의 데이터가 훨씬 중요하고 신뢰할 수 있는 데이터라는 것은 이미 앞서 말했습니다. 마찬가지로 유아사망률이 갖는 의미도 그렇습니다. 동시에 이 '중요성'은 자신의 가치관에 크게 영향받습니다.

구체적인 예를 한번 들어보겠습니다. 저는 아버지가 된 이후 『최후의 전략』을 쓰고 어느 정도 큰 인세를 받았습니다. 그때 은행에서 투자를 권했습니다. 하지만 돈이 혼자 돌아다닌다는 것, 요컨대 다른 사람의 힘을 빌려 돈을 번다는 것이 제게는 비도덕적인 일로 여겨졌습니다. 물론 자본의 축적이라는 메커니즘을 이해하고 있고, 특별히 반대를 하는 것은 아닙니다. 게다가 애덤 스미스와 케인스의 말처럼 사람의 악한 본성을 이용해 가장 효율 좋은 결과를 만들어 내는 방법이 자본주의라고 하는 생각에 비교적 동의할 수 있습니다.

하지만 저는 이 나쁜 본능을 스스로 갖기는 싫습니다. 이 것은 저의 가치관입니다. 제가 말하고 싶은 것은 유아사망률 데이터라는 것이 제 안에서 매우 중요한 의미를 가지며, 점점 그것이 무의식의 차원으로까지 내려가는 데 반해, 경제에 관한 함수는 거기에 도달조차 하지 않는 것은 개인적인 문제, 개인적인 가치관에 좌우되는 문제이기도 하다는 것입니다.

집단으로 사고하는 사회

한편, 브레이크의 순간이 오지 않는 두 번째 이유로 사회가 그 아이디어의 형성을 방해하는 경우도 있으리라 생각할 수 있습니다. 바꿔 말하면 어떤 사고방식을 허락하지 않는, 허락할 수 없는 사회일 가능성도 있다는 것입니다.

앞 장에서도 언급했듯이 특정한 사회에는 용인되지 않는 사고방식이라는 것이 있습니다. 저는 가족구조와 사상의 관계성에 대해 생각했지만 사회에서 거부당했습니다. 제 말은 사상이라는 것이 가족구조에서 나오는 가치관을 반영하고 있다는 것이었지만 이는 사람들이 혐오하는 사고방식이었습니다. 사람들의 머릿속에는 관문 같은 것이 있고, 어떤 아이디어는 거기에서 튕겨 나와버리는 것일지도 모릅니다.

이것은 아이디어를 수용하는 측면에서뿐만 아니라 그것을 발견하는 연구자의 측면에도 해당될 것입니다. 즉 사회를 위협할 수도 있는 발상을, 의식적이든 혹은 무의식적이든 미리 제외시켜 생각의 범위 밖에 두는 것입니다. 커처가 저 같은 착상을 얻지 못한 것도 이 사회적인 이유 때문일지도 모릅니다. 하지만 지금까지 강조해 왔고, 앞으로도 반복해서 논의하게 될 테지만 진정한 아이디어는 사람들에게 충격을 주고 사회를 뒤흔드는 것이어야 합니다. 그리고 사실 사회 자체도 참신한 아이디어에 흔들림으로써 활성화되어 갑니다. 그것이 없으면 사회는 쇠퇴해 갈 것입니다.

일례로 그룹 싱크(집단 사고: 구성원들 간에 강한 응집력을 보이는 집단에서, 의사결정 시에 만장일치에 도달하려는 분위기가 다른 대안들을 현실적으로 평가하려는 경향을 억압할 때 나타나는 구성원들의 왜곡되고 비합리적인 사고방식—옮긴이)의 사회에 대해서 생각해 봅시다. 가령 초고학력의 정치가나 역사학자는 모두 같은 사회 카테고리에 포함되어 거기에서 사회 전체를 바라볼 수 있고 그 움직임을 알 수 있다고 해보죠. 마크롱 대통령을 예로 들어볼까요? 그는 지방 부르주아 출신으로 부모님은 의사입니다. 그리고 그는 왜인지 자신의 아이디어를 명확히 가질 수 없는 사람이지만 어느 순간부터 사회적으로 점점 상승하는 열차에 올라타는 데 성공합니다. 그리고 도달한 곳은 그와 똑같이 되기 위한 선별을 거친 사람들의 집단이었습니다. EU는 좋지 않다, 유로도 안 된다는 사상의 소유자라면 ENA(국립행정학교)에 들어갈 수 없으니까요. 이처럼 최종적으로 자신과 같은 사고를 가진 사람들에게만 둘러싸이게 됩니다. 그리고 주위 사람들도 그와 마찬가지로 새로운 아이디어를 갖지 못합니다.

이런 상황에서 나오는 것이 바로 그룹 싱크라는 개념입니다. 이것은 프랑스 사회에만 존재하는 것이 아닌 이미 분석되어 널리 여겨지는 개념입니다. 어떤 유사한 사고를 가진 집단이 어떤 사실을 믿는데, 그것이 다른 현실과는 전혀 맞지 않는 사태가 일어나는 것을 그룹 싱크라고 합니다. 이것은 원래 베트남 전쟁 때의 전략적인 실패를 지정학적으로 고찰한 단체에서 시작되었습니다.

그룹 싱크는 특히 미국에서 발전한 개념이지만 미국에 국한되지 않습니다. 사상적으로 파편화되어 있는 오늘날의 사회에서는, 그 어디에도 속하지 않는 사람들이 많이 있습니다. 큰 사상적 틀(자유주의나 공산주의)에 자신의 거처를 찾아내지 못하고, 원자화한 작은 신조에 매달리고 의지하는 사람들이 넘쳐나고 있는 것이 현상이라고 생각합니다. 이러한 메커니즘이 실제로 사회에서 일어나는 일을 보지 못하게 만들고, 역사적으로도 매우 심각한 결과를 초래하고 있는 것입니다.

마크롱 대통령에 관해서 농담처럼 이야기했지만 프랑스에서는 이 영향이 이미 나타나고 있는 것도 사실입니다. '노란 조끼 운동'(유류세의 인상 등 마크롱 정권의 일련의 정책에 대한 반발로 발단한 대규모 항의 운동. 2018년부터 프랑스 각지에서 단속적으로 일어나고 있다) 등이 그 일례일 것입니다. 자신들에게 만족하고 있는 일부 사람들이 유로화는 바람직하다고 생각하고, 유류세를 비싸게 해 결과적으로 중요한 국민 일부가 매일의 생활에 어려움을 겪는 상황을 유지하게 만들었습니다. 그래서 사람들이 일어나고, 결국 정부를 궁지에 몰아넣는 데 성공한 것입니다.

리서치에서 발견으로

여기서 제가 분명히 해두고 싶은 것은 '리서치'와 '발견'의 차이입니다. 리서치를 하는 연구자는 많습니다. 물론 기술적인 것을 학생들에게 가르치는 조사 연구자도 필요하기는 합니다. 그러나 정말 의미 있는 직업으로서는 발견하는 연구자여야만 합니다.

이 세상에는 다양한 것들을 조사 연구하지만 결국 어떤 것도 발견하지 못하는 사람들이 넘쳐납니다. 그래서 이런 의미에서의 연구자, 조사 연구자라는 말은 절망적인 측면을 안고있다고 생각합니다. 무엇인가를 찾아내고 발견했다고 생각하더라도 그것이 자명한 것이거나 당연한 일인 것은 자주 있는 일입니다. 제가 피에르 부르디외P.Bourdieu를 아무래도 납득할 수 없는 까닭은 시작하기 전부터 누구나 상당한 확률로 그렇게 될 것이라고 생각하는 것만 연구 결과로 삼기 때문입니다.

제 박사과정 지도교수였던 라슬릿은 옛날 사람들의 가족형태가 복잡하다는 인식이 팽배한 가운데 한 마을 사람의 등록부에서 사실은 가족구성이 핵가족이었음을 발견했습니다.

이것은 예측하지 못한 놀랄 만한 데이터였던 셈입니다. 아마 그도 스스로 놀랐을 것입니다. 그런데도 그 놀라운 데이터를 수용했습니다. 예측하지 않았던 것이라고 해서 그는 이 목록 자체가 이상하다거나 틀렸다고 배제하지 않았습니다. 그래서 제게는 17세기 영국인에 관해 새로운 사실을 발견한 라슬릿은 '발견자'인 것입니다.

물론 숫자는 명백한 사실을 확인하는 데 사용되는 것이기 도 합니다. 만약 모든 것이 예상 밖의 결과라면 이 세상은 SF 보다 더 끔찍한 세계가 되어버릴 것입니다. 놀라운 데이터가 있기 위해서는 예상 범위 내의 숫자가 충분히 있어야 한다는 전제 조건이 필요합니다. 이와 같이 예상할 수 있는 숫자, 특 히 아무런 의의 없는 숫자가 존재함으로써 안정된 세계가 있 을 수 있는 것입니다. 모든 숫자가 놀랍다면 그건 카오스일 테 니까요!

자기의 발견에 놀라다

즉 연구자든 학자든 자신의 아이디어, 스스로 발견한 사 실에 놀라야 한다는 것입니다. 그런데 부르디외식의 연구는 예컨대 노동자는 매우 억압받고 있다, 학력도 낮다, 따라서 노 동자의 자식들은 교사의 자식들에 비해 학업 성공률이 낮다는 것을 발견하는 것입니다. 확실히 그럴지도 모릅니다. 하지만 거기에 놀라운 사실은 별로 없는 셈입니다. 이런 상관관계는 연구에는 아무런 이익이 없다고 할 수밖에 없습니다.

한편으로 뒤르켐의 연구를 살펴봅시다. 저도 그의 방법을 『광인과 프롤레타리아Le Fou et le Prolétaire』(1979년)를 집필할 때 활용하기도 했는데 그의 『자살론』은 19세기 말에 자살을 하는 사람들이 대체로 교육을 받은 부유한 사람들로, 가난하고 교육받지 못한 사람들이 아니었다는 것을 발견했습니다. 이런 결과는 놀랄 만합니다. 그러니까 연구로서도, 발견으로서도 의미가 있는 것이었습니다.

참고로 뒤르켐의 『자살론』은 제가 숭배하는 연구 중 하나입니다. 저는 옛날부터 통계적인 관점에서 사회와 역사를 인식하는 방법에 이끌려 왔기 때문에 이 저작에 엄청나게 매료되었습니다. 물론 제가 사용하는 통계는 상관관계, 회귀분석과 잔여 오류 정도의 수준이어서 대단한 것도 아니지만 말입니다. 어쨌든 뒤르켐이 자살의 규칙성과 경제적, 종교적 혹은 가족 차원의 기타 현상들을 연관 지어 연구했고, 현대에는 상관관계 혹은 비상관관계라고 불리는 것들에 대해서, 그 현상들이 발견되기 이전에 이미 분석해 두었다는 것은 감동적입니다. 원래 철학을 전공하면서 출발한 인물이기 때문에 감탄스럽고 마음에 와닿은 것입니다.

이렇게 좋은 연구를 하고 있다는 증거는 자신이 놀라워하고 있는가 하는 점에 달려 있다고 생각합니다. 물론 어떤 연구에도 확인해야만 하는 연관성은 반드시 있습니다. 하지만 자신이 예상했던 사실을 확인했다고 해서 희희낙락하는 사회학자는 좋은 사회학자가 아닙니다. 박사 논문을 쓰는 정도라면 문제가 되지 않을지도 모르겠지만 말입니다.

예상 밖의 데이터를 환영하다

인구학이 얼마나 친숙해지기 쉬운 분야인가에 대해서는 그 시작 지점에 몇 가지 좋은 사례가 있습니다. 인구통계학의 시조 중 한 사람인 요한 페터 쉬스밀히J.P.Süßmilch는 『신의 질서 *Die Göttliche Ordnung*』(1741년)라는 책을 썼습니다. 뒤르켐에게도 해당되는 이야기지만 초기 인구학자가 발견한 것은 매년 관찰을 거듭할수록 인구가 얼마나 규칙적인 측면을 가지고 있는가 하는 점이었습니다. 예를 들어 인구의 측면에서 매년 어느 정도의 사망 건수가 있고, 출생 건수가 있다는 규칙성입니다. 초기 인구학자들이 놀란 것은 인구와 그 사회의 규칙이 정확히 들어맞는다는 사실이었습니다.

지금 우리는 그 놀라움이 당연한 것이 된 시대를 살고 있습니다. 매년 얼마나 사람이 죽어가고 있는지 그 데이터가 보여주는 규칙에 특별히 놀랄 일은 없습니다. 물론 인플루엔자나 에이즈 등의 영향도 있기는 하지만 어느 정도 안정된 사회에 살고 있는 것도 관련이 있을 것입니다.

그런데 에이즈가 발견된 당시의 일을 통해서 예상 밖의 데이터에 대해 생각해 봅시다. 에이즈는 새로운 병으로서 애

틀랜타에 있는 CDC(미국 질병대책 예방센터)에 의해서 발견되었습니다. CDC는 극히 드물게만 이용되는 종류의 약의 발주가 평소보다 증가하고 있다는 것을 깨달았습니다. 카포지 육종을 치료하는 데 쓰이는 약이었습니다. 이 육종은 지금에서야 에이즈 환자에게 자주 발병하는 것으로 알려져 있지만 CDC는 특정 약물의 비정상적인 발주 증가를 보고, 거기에 생물학적으로 무언가 특수한 일이 발생하고 있다는 것을 깨달았습니다. 여기서 말하고 싶은 것은 이렇게 규칙성 안에 있는 이상 징후를 찾아내, 그것이 무엇을 의미하는지를 깨닫는 능력이 필요하다는 것입니다.

그러나 놀랄 만한 데이터나 숫자를 만나고서도 그저 단순한 오류나 실수라고 생각할 가능성도 있습니다. SF 작가인 아시모프가 쓴 책 속에 이런 이야기가 있습니다. 사람들은 파스퇴르가 그저 운이 좋은 남자라고 말했다고 합니다. 그에 대해 아시모프는 5년마다 주기적으로 운이 따르는 사람이란 어쩌면 정말 위대한 학자가 아닐까 하고 말했습니다.

아인슈타인도 마찬가지입니다. 제게 위대한 학자, 연구자는 놀라운 숫자나 상식을 벗어난 데이터를 만나도 그것을 거부하지 않는 사람입니다. 물론 때로는 데이터가 잘못된 경우도 있습니다. 사회과학이든 물리학이든 오류는 있으니까요. 그렇기에 데이터를 비판적으로 분석하고 제대로 재검토하는 것이 더욱 필요합니다. 하지만 이러한 작업은 마지막에 하면

되는 일로, 제일 먼저 해야 할 일은 예기치 않게 출현한 놀라운 데이터에 대해 그것이 새로운 분야로 가는 길을 열어주는 것이 아닐까 생각해 보는 것입니다.

25페이지 정도까지밖에 읽지 못하고 있지만 그럼에도 역시 아인슈타인의 상대성이론은 훌륭하다고 생각합니다. 그 당시의 물리학은 벽에 부딪히고 있었습니다. 그것은 상대성원리와 마이컬슨·몰리의 실험에 기초한 광속도불변의 원리가 서로 모순적이라는 사실이었습니다. 이 두 원리는 절대적인 모순으로 간주되었던 것입니다. 그러나 아인슈타인은 여기에서, 두 가지 원리가 모두 진실이라면 어떻게 될지 사고를 밀어갔습니다. 거기서 아인슈타인의 상대성이론이 생겨났고 지금까지의 뉴턴 물리학을 근본부터 재검토하는 것으로 이어졌습니다. 저 자신이 이와 같은 위대한 발견을 했다고 말하고 싶은 것은 아닙니다. 놀라운 데이터를 배제하지 않고, 무시하지 않는 것이 얼마나 중요한가 하는 것입니다.

연구자는 도서실에 틀어박혀 있는 유형의 사람이 많기 때문에 실제로 움직이는 모험가는 아니지만, 연구도 여행과 같은 것입니다. 데이터 속을 산책해서 아주 눈에 띄는 위대한 역사적 건물을 발견하는 것은 아니겠지만, '어라?'하고 생각할 만한 수치와 마주칠 수는 있는 것입니다. 저는 여행을 많이 다니지 않지만 그래도 비교적 통찰력이 뛰어나다고 생각합니다. 그리고 조금 이상하다고 생각하는 것을 금방 알아차리는 경향이 있습니다.

자신이 없으면 어떤 것도 생겨나지 않는다

하지만 아이디어를 얻기 위해서는 스스로 자신감을 갖는 것이 중요합니다. 그렇지 않으면 과감한 아이디어도 나올 수 없습니다. 자신에게 긍정적인 이미지를 갖고, 과연 자신이 무엇을 할 수 있는지를 파악하는 것입니다.

작가 혹은 저자에 관해 이야기하면 사람들은 그가 얼마나 좋은 대학에서 고등교육을 받았고, 얼마나 우수한 성적을 받았는지 등등을 말하고는 합니다. 그에 비해 저는 이과 과목을 조금 잘했을 뿐 아주 평범한 학생이었습니다. 바칼로레아Baccalauréat에서는 분명 우수한 평가를 받았지만, 1968년의 바칼로레아는 농담과도 같았습니다. 애초에 필기시험이 없었으니까요. 그렇게 역사학을 전공하게 되고, 파리정치대학에 입학했지만 수업을 따라가지 못했습니다. 화폐에 관한 시험에서 거의 0점을 받기도 했습니다.

심지어 중간에 자퇴도 생각했지만, 학교 측에서 좀 더 노력해 보라고 해서 계속했을 정도입니다. 추가 시험으로 어떻게든 2학년으로 진급할 수 있었지만 그 추가 시험도 아슬아슬한 점수였습니다. 역사가가 되고 싶다고 생각했지만 역사 성적이 가장 낮았습니다. 2학년이 되면 파리정치대학은 ENA를 목표로 하는 학생과 그렇지 않은 학생으로 나뉩니다. 저는 사회학이나 역사에 관심이 많은 학생들과 함께해서 그나마 다행이었습니다. 하지만 파리정치대학 시절에는 정말 고생이 심했습니다. 지금 돌이켜 보면 파리정치대학에서 인류학을 만나게 된 것이 제게 많은 것을 가져다주었는데, 그것을 깨달은 것은 한참 뒤였습니다.

제 경우 최종적으로 케임브리지에 간 것 때문에 스스로에 대한 자신감을 가질 수 있었던 것 같습니다. 장소의 아름다움은 중요합니다. 자신감을 가져다주니까요. 케임브리지에서도 제가 방황하는 가운데 지탱해 준 사람이 있었습니다. 중간에 그만두려고 파리에 돌아온 시기도 있었지만 마땅히 다른 할 일이 없어 결국 케임브리지로 돌아갔습니다. 어쨌든 이런 식이었으니 정말이지 위대한 지식인 같은, 처음부터 끝까지 우수하고 한 점의 그늘도 없는 삶은 제 것이 아님을 알게 된 것입니다. 최종적으로는 분명 파리정치대학을 나와, 케임브리지의 박사학위를 취득했으니 굉장하게 들릴지도 모릅니다만, 거기에 도착하는 과정은 혼돈 그 자체였습니다.

그리고 케임브리지에서 조사 연구를 하고 있을 때에야 제가 이런 연구 작업에 평생을 걸게 될 것임을 깨달았습니다.

누군가에게 평가받는다는 것

그때부터 자유롭게 책을 읽는 시간을 갖게 되었습니다. 박사논문에 몰두하는 동안에도 주제와 상관없는 책을 읽었습니다. 그리고 박사과정 2년 차에 리서치 장학금을 받아 영국에서 연구자가 되고 싶다고 생각했습니다. 이 장학금을 받기 위해서는 소논문이 심사에서 통과되어야만 했습니다.

논문 심사를 하게 된 세 분 중 한 분은 인류학자의 신이라고 할 만한 분으로 저도 매우 존경했던 에드먼드 리치E.Leach였습니다. 하지만 그런 그가 제 논문을 혹평했기 때문에 결국 장학금을 받지 못했습니다. 게다가 그는 이런 연구를 계속한다면 박사학위를 수여해서는 안 된다고까지 말했습니다. 이것이 그 후로 계속 이어진, 저와 대학 기관과의 충돌의 시작이었습니다.

리치는 매우 존경했던 교수이기도 했던 만큼 충격이 컸고, 일단 직접 만나 이야기를 했지만 그는 단호하게 대응했습니다. 하지만 이렇게 힘든 시기에는 항상 반드시 저를 지지해 주는 사람이 나타났습니다. 이때는 아닐 실 박사Dr.Anil Seal였습니다. 제가 너무 충격을 받았기 때문에 나머지 두 분의 평가 보고서를 특별히 보여준 것입니다. 나머지 심사 위원들은 제 논문을 높이 평가해 주었다는 것을 알았습니다.

파리정치대학에서도 어려운 시기에 아주 좋은 선생님, 예를 들어 기 에르메G.Hermet를 만나 제가 프랑수아 고겔F.Goguel에 비판적인 내용의 과제를 제출했을 때에도 연구자로서 지성이 있다고 칭찬해 주었습니다. 이와 같이 언제나 연구자 인생을 지지해 주는 사람과의 만남이 있었습니다.

책을 출판했을 때에도 어느 나라의 누구인지도 모르는 사람들에게서 긍정적인 평가 덕분에 격려받기도 했습니다. 이렇게 누군가의 따뜻한 격려가 있었기에 저는 앞으로 나아갈 수 있었던 것 같습니다. 어딘가에 반드시 자신을 평가해 줄 사람이 있다고 믿는 것, 그리고 그 존재를 깨닫는 것은, 아이디어를 키우고 계속 연구하는 데 둘도 없이 소중한 자산입니다.

이렇게 제가 어떻게 아이디어를 얻어왔는지 그 과정을 그려보면 우연이나 무의식적인 부분이 상당히 많다는 것을 알 수 있습니다. 난잡함의 연속, 우연, 학업 포기의 위기 등 조화롭게 예정된 대로 진행되지 않은 것들 투성이였습니다. 하지만 그럼에도 그 이면에는 사실 무의식의 의도나 절대적인 사명감 같은 것도 있었다고 생각합니다. 그리고 그것들이 모두의 눈앞에 명백한 사실로 표출되고 있습니다. 흔들리는 일도 있지만 결국 어떤 것에도 무너질 수 없는 저력 같은 것이 더해지는 것입니다.

4

관점

정해진 길을 벗어나라

2장에서 저는 자연과학과 사회과학의 차이를 설명했습니다. 그때 주목한 것은 자연과학이 인간 사회의 '바깥'에 존재하는 현상을 대상으로 하는 데 반해 사회과학은 인간 사회 그 자체를 대상으로 한다는 것, 그리고 그 속에는 연구자 자신도 포함되어 있다는 것이었습니다.

그렇다면 다음과 같은 의문이 생깁니다. 사회의 '내부'에 속해 있는 인간이 그 사회를 어떻게 분석할 수 있는지, 연구자 자신도 사회 속에서 사는 존재라면 그 사회에 대해 객관적으로 고찰하는 것이 정말로 가능한가 하는 점입니다. 달리 말하면 사회가 성립하기 위한 전제가 되는 다양한 생각—그것은 때로는 선입견, 편견이라는 형태를 취합니다—에 구애받지 않는 것은 어떻게 가능할까요.

이는 참으로 어려운 문제입니다. 그렇지만 선입견과 편견이 연구 속에 개입되는 것을 피할 수 있는 방법에 관해서는 이미 설명했습니다. 사상이 아니라 사실로부터 시작하자는 것이 그것입니다. 어떤 사상이나 이데올로기를 출발점으로 삼으면 사람들은 자신도 모르게 그에 부합하는 사실에만 주목하고, 전제에 어긋나는 사실을 배제하게 됩니다. 결과적으로 자신의 생각에 맞추어 현실을 왜곡하게 되는 것입니다. 이렇게 된 연구가 제대로 된 연구일 수 없음은 명확합니다.

그렇게 되지 않기 위해서는 출발점이 항상 사실에 바탕을 두고 있어야 합니다. 오로지 데이터를 수집해, 사실을 축적해 가는 가운데 마침내 모델을 만들어 가는 것—지금까지 제가 소개해 온 방법—은 그러한 사회 속에 존재하는 여러 전제로부터 자유로워지기 위해서도 유효한 것입니다. 때로는 데이터가 말하는 현실과 자신의 예측—이 또한 선입견의 일종입니다—이 어긋날 때가 있을 것입니다. 그러나 이 경우에도 사실을 중시해야 한다는 것은 앞 장에서 설명한 바와 같습니다.

그렇지만 사회에 대해 생각할 때 또 하나 고려해야 할 것이 있습니다. 그것은 자신이 사회 속에서 어떠한 위치를 차지하고 있는가 하는 문제, 혹은 사회의 현실을 관찰하는 '관점'에 관한 문제입니다.

허위의식에 사로잡힌 사람들

앞 장에서 그룹 싱크에 대한 이야기를 나누었습니다. 그것은 같은 생각을 가진 사람들만이 모여, 그 안에서만 논의를 해나가면 어느 사이에 그것이 현실 세계와는 완전히 괴리되어 버린다고 하는 현상이었습니다. 이는 극단적인 예이지만 사회에는 많든 적든 차이가 존재합니다. 어느 사회에 소속해 있는 인간은 한정된 관점으로 사회를 바라본다는 것입니다.

이 이야기는 제가 큰 영향을 받아온 마르크스주의에서 온 것으로 특별히 새로운 것은 아닙니다. 그리고 루카치G.Lukács (1885~1971년. 헝가리의 철학자, 문학사가)에 의한 '허위의식'이란 개념에 근거를 두고 있습니다. 추상적인 '인간'을 생각하는 철학자도 사회 어딘가에 속해 있는 한 인간입니다. 철학자 역시 상류층, 중류층, 하류층 어딘가에 소속되어 있는 존재입니다. 한사회를 모두가 같은 자리에서 관찰할 수는 없습니다. 산꼭대기냐, 중턱이냐, 기슭에 있느냐에 따라 보이는 풍경이 달라집니다. 그러므로 사회구조 혹은 사회생활이나 역사를 자신의 사회적인 소속을 떠나 생각하는 것은 굉장히 어렵습니다.

마르크스주의는 사회나 그 구조에 관한 인식은 대립하는 관점, 혹은 자신이 소속된 위치에 따라 왜곡되는 것이라고 생각합니다. 마크롱에 투표한 사람들이나 저널리스트, 자영업이나 상급 관리직·지적 전문직 등에 종사하는 사람들은 자신들을 '승자'라고 인식하고 있습니다. 다른 한편으로 마린 르 펜

M.Le Pen이 이끄는 국민연합(국민전선)에 투표하는 사람들을 사회 아래층에 있는 '패자'로 인식하고 있습니다.

그들이 상층부에 있다는 것은 분명 사실입니다. 그러나 잘 생각해 보면 마크롱파의 사람들이 자신들을 '승자'라고 정의하는 것은 우스꽝스럽습니다. 왜냐하면 지금은 그들의 수입도 떨어지고 있고, 특히 그들 자녀 세대의 수입이 현저히 떨어지고 있기 때문입니다. 저는 그들을 '상층부의 패자'라고 부르고 싶습니다. 이런 것이 제가 아까부터 말하는 '허위의식'입니다.

이 상태는 좁은 계급구조 내에서 나타날 수도 있고, 더 넓은 직업 분류마다 혹은 마르크스가 말하는 사회계급에 따라 나타날 수도 있습니다. 자신들을 승자로 인식하는 사람들에게는 사회 전체가 보이지 않습니다. 한편 하층부에 있는 사람들은 자신들이 '사회에 소속되어 있지 않다'는 태도를 보이고 있습니다.

경제적으로 소외된 지역에 살면서 극우파 국민연합 등에 투표하는 노동자 계급은 사회적으로 하층에 속해 있습니다. 그러므로 그들은 개념적인 지성을 발휘하거나 역사를 묘사하는 역할을 담당하고 있지 않으며, 역사 사회학적인 사상을 창출하는 사람들도 아닙니다.

그러나 분명한 것은 그들은 '허위의식'에 휩쓸리지 않는다는 사실입니다. 그들은 자신들이 사회적으로 하층부에 속해 있다는 점을 올바르게 인식할 수 있습니다. 물론 그 상태가 해로운 생각을 만들어 내고, 아랍인들을 싫어함으로써 자신들보다 더 아래층에 누군가를 두려고 하는 상황도 있습니다. 그러한 태도가 외국인 혐오나 인종차별주의로 이어지겠지요. 하지만 이것은 제가 말하고자 하는 허위의식과는 별개의 문제입니다.

여론조사 결과 등에도 나타나지만 그들은 경제 상황에 관해 비교적 현실적인 견해를 가지고 있습니다. 자유무역이 좋다고 생각하지 않는다는 점만 보아도 알 수 있을 것입니다. 자유무역으로 인해 그들의 수입이 감소하고 실업률이 높아지는 것을 실제로 경험했기 때문입니다. 그들과 이야기를 해보면 전국의 수입 수준이 낮아짐으로써 국내 수요에 문제가 생긴다는 것을 확실히 이해하고 있습니다. 이것은 케인스 경제학의 바탕입니다. 게다가 그들은 유로에 반대하고 있습니다. 경제적인 측면에서 현실을 잘 보고 있는 것입니다.

현실을 직시하는 조건

어떻게 하면 현실을 볼 수 있게 되는가 단정 짓고 싶지는 않지만, 제게는 현실이 보인다는 근거 없는 원칙을 바탕으로 이야기를 진행하려고 합니다. 저는 어떻게 극우 정당에 투표를 하는 노동자 계급이 보고 있는 현실을 이해할 수 있었고, 그에 더해 어떻게 소련의 붕괴나 미국의 세력 약화를 예측할 수 있었을까요?

사회를 더 잘 이해하기 위한 조건으로 꼽히는 것은 개인적인 경력이나 출신 지역 등을 볼 때 그 사회 외부에 속해 있는 부분들이 있다는 것입니다. 이른바 '외재성'입니다. 문화적인 의미에서 사회와의 사이에 불일치를 안고 있거나, 외국 출신이거나, 혹은 종교 등에서 소수자에 소속되어 있거나, 어쨌든 어느 일부가 사회 바깥에 있다는 것이 중요합니다.

　　그런 의미에서 저는 이 조건에 딱 들어맞습니다. 제 가계는 외국 출신이며, 원래의 출신 또한 매우 다양합니다. 동시에 저의 가계는 프랑스계 유대인이면서도 지식인 계급에 속해 있습니다. 다만 유대인이라고 해도, 신자로서 신앙을 실천하는 유대교도는 아닙니다. 실천을 수반하는 유대교도라 함은 사회를 이해한다고 하는 의미에서는 그다지 도움이 되지 않으니까요. 저의 가족 안에서는, 유대인임이 여러 가능성을 열어주지만 그러기 위해서는 유대교에서 벗어나는 것이 조건이라고 정해져 있었습니다.

　　그 밖에도 예를 들어, 가톨릭 신자가 대다수를 차지하는 프랑스 사회에서 개신교계의 지식인으로 있는 것은, 이 구도와 마찬가지의 본질적 특성을 가지고 있습니다. 이 유대계라는 것은 제게 종교에 대한 일종의 우려를 남겼습니다. 그와 동시에 종교의 상대화도 촉발시켰습니다. 왜냐하면 저의 가계는 유대교에서 이탈했기 때문입니다. 그 후 저의 가족은 가톨릭 및 개신교와 혼합되었고, 일부는 무슬림도 있을 정도입니다.

그리고 또 다른 가계—아버지 쪽 출신—는 영국에서 왔습니다. 또한 이쪽은, 지성의 측면에서 말하면, 경험주의를 아주 소중히 여기고 있습니다. 이것은 프랑스 문화와 정면으로 대치되는 것입니다.

서장에서 언급했지만 저는 젊었을 때 아버지의 권유로 에이어의 『언어, 논리, 진리』를 읽었습니다. 이는 대륙의 합리주의적인 데카르트 철학과 칸트 철학에 대항하는 내용입니다. 저의 어린 시절은 확실히 프랑스의 부르주아 계급에 속해 있었으며, 조용한 교외에서 교사나 엔지니어를 부모로 둔 아이들과 학교에 다녔습니다. 다만 프랑스의 합리주의적인 철학에 대해서는 경계심을 가지고 있는 환경에서 자랐습니다.

어머니께 듣기로는 저의 할아버지인 폴 니장P.Nizan도 영국의 경험주의에 대한 논문을 쓴 적이 있다고 합니다. 실제로 그의 유명한 저작 『파수견들Les chiens de garde』의 첫 부분에는, 저널리스틱한 문장과 프랑스 철학의 추상적이고 무엇을 말하고 싶은지 전혀 모르는 문장들이 대비적으로 인용되어 있습니다.

여기에서 보이는 것은 프랑스 철학이 현실과는 놀라울 정도로 동떨어져 있다는 점일 것입니다.

영어로 읽는 이점

어떻게 프랑스 사회의 바깥에 있을 수 있는가를 이야기했습니다만 저는 여기에 덧붙여 영국 케임브리지에서 박사학위를 취득했습니다. 또 지금은 95%의 문헌을 영어로 읽고 있습니다.

새로 문헌을 손에 넣을 때 프랑스어로 읽을지 영어로 읽을지 고민하는 경우도 있지만 거의 영어를 선택하고 있습니다. 왜 영어로 읽고 싶은 것일까요? 저도 아직 잘 모르기는 하지만 영어라는 언어가 프랑스어에 비해 단순하다는 것이 이유 중 하나일지도 모릅니다.

그리고 인터넷의 등장으로 인해 이 상황은 더욱 고착화되어 가고 있습니다. 이제 영어로 문헌이나 기사를 구독하는 것은 말할 수 없이 용이해졌습니다. 물론 주제에 따라 프랑스어로 읽을 수도 있습니다만, 프랑스 연구자가 영어로 연구를 발표하는 경우도 있습니다. 그래서 지성의 측면에서 저는 프랑스인이 아니라고 말할 수 있습니다. 프랑스에 대한 애국심은 가지고 있지만 그러면서도 외부에서 프랑스 사회를 바라볼 수 있는 프랑스인인 것입니다.

그렇다고는 해도 최근 생각하는 것은, 이렇게 앵글로색슨류의 방법에 의해 균질화되어 버리는 것이 과연 바람직한가 하는 점입니다. 여러 나라의 지성과 연구 스타일 등의 것들이 더 있어도 좋지 않을까 생각하기 때문입니다. 그러니까 영국이나 미국의 방법이 너무나도 지배적이 되어버리는 것에 사실은 의문도 느끼고 있는 것입니다.

확실히 저는 영국의 경험주의가 프랑스의 합리주의보다

더 효율적이라고 말합니다. 하지만 학문에 관해서는 다른 전통이 존재하는 것이 좋다고 생각하고 있습니다. 즉 결국 프랑스의 철학적 전통도 필요하다고 생각하는 것이죠. 스스로 모순되는 말이지만 저는 데이터가 절대적이라고 말하면서도 역시 역사적, 사회학적, 인류학적인 관점에서 포괄적인 접근법도 필요하다고 생각합니다. 예를 들어 맥팔레인의 연구를 기반으로 하고 있는 저도, 그 사고를 한층 더 진행시키고, 그 모델을 일반화시켰습니다. 생각해 보면 사실 이것은 매우 프랑스적인 사고방식입니다. 저는 이렇게 외국어인 영어를 접함으로써 영국이나 미국의 연구 방법론을 배우고, 프랑스의 그것과 비교할 수 있게 된 것입니다.

아웃사이더로 존재하며

저는 쭉 공무원으로 일해 왔고, 지금은 정년퇴직 후 연금을 받고 있습니다. 이와 같이 프랑스의 시스템에 확실히 소속되어 있는 사람이기도 합니다. 막말만 하다 보니 학술계에서는 배제됐지만 그래도 프랑스 사회의 복리후생을 받는 사회의 구성원입니다. 학술계의 소속 여부보다 사회 보험증의 소지 여부가 더 중요할 정도입니다. 그래서 물리적으로 저라는 인간은 다분히 프랑스 사회에 속해 있습니다.

다만 그것으로는 지성의 측면에서 제가 여기서 사는 사람이라고 느낄 수 없습니다. 제 인생의 전제가 되었던 영미주의적 사고도, 학위를 영국에서 받은 것도, 이런 요소들이 저를 존재하는 바탕에서 벗어나게 해주었던 것입니다. 문화 저널리스트로 시작해 제대로 일을 하지는 못했지만 도서관의 관장도 맡고 최종적으로 연구자(학자)가 되었습니다. 그러니 공무원으로서의 연구원인 상태였던 것입니다. 그래서 저는 내부에 있는 아웃사이더입니다. 연구자로서 혹은 사고를 하는 인간으로서 저는 여기에 없습니다.

더욱이 저는 지금까지 17번이나 일본에 갔습니다. 거기서 많은 사람과 국제정치나 일본 사회, 일본의 인구 변동에 관한 논의를 해왔습니다. 제가 일본에 갈 때는 대개 소위 언론인이나 대학 관계자와 이야기를 하기 때문에 프랑스에 속한 카테고리와 비슷한 사람들과의 교류에 국한되어 있는 것도 사실이지만 그래도 역시 프랑스 사회를 밖에서 볼 수 있도록 도와주는 요소 중 하나가 되었습니다. 또 어린 시절, 중학생 때부터 고등학생 때까지 걸쳐 다닌 학교에는 다양한 국적의 아이들이 있었습니다. 그곳에서는 특히 네덜란드에 대해 흥미를 가지곤 했습니다.

감정적으로는 애국심을 갖고 있다고 했지만 이것은 바깥에 나가면서 알게 된 것이기도 합니다. 케임브리지로 가면서 제가 정말 프랑스인이라는 걸 통감했으니까요. 하지만 지성의 측면에서는 어디에도 속해 있지 않습니다. 이렇게 해서 저의 외재성이라고 할 수 있는 측면은 시간이 지남에 따라 강화되어 온 것입니다. 그리고 프랑스 사회를 분석해야 할 때 가령 95년 시라크의 대통령 선거나 이슬람에 대해 생각할 때에는 그 사회를 마치 밖에서 보는 듯한 느낌이 들었습니다.

일본을 묘사한 "일본은 세계 속에 있다. 하지만 거기에는 속해 있지 않다(Japan is in the world but not of the world)"라는 문구는 카렐 반 볼퍼렌K.V.Wolferen의 책 속에 있습니다. 그 자신도 누군가가 했던 말을 인용했을 뿐이었을지도 모르지만요. 어쨌든 제 처지는 이와 정반대입니다. 즉 "나는 세계에 속해 있다. 그러나 그 안에는 없다(I am of the world but not in the world)"는 것입니다. 지성적인 측면에서 저는 세계에 속해 있다는 의식은 있지만, 육체적으로 거기에 있다는 느낌은 없습니다. 그것은 제게 세계, 혹은 프랑스 사회는 실체로서 존재하는 것이 아닙니다. 왜냐하면 그것들은 선험적으로 존재하는 것이 아니라 어디까지나 지적 대상으로 재구축되는 것이라고 저는 알고 있기 때문입니다.

외부 세계로 나가는 경험

제 지성의 이상적인 모델은 마르크스입니다. 물론 그의 사상을 제가 샅샅이 살펴본 것은 아니지만 마르크스가 보여준 사람으로서의 본연의 자세, 연구자로서의 스타일은 제 모델입니다. 그러니 마르크스는 저의 지성적, 정신적 측면에서 이상형이라고 할 수 있습니다.

그는 독일계 유대인이었습니다. 그리고 그의 아버지는 루터파로 개종하였습니다. 그 후에 프랑스로 건너왔고, 영국으로도 가게 됩니다. 그는 독일어로 글을 쓰고 있었지만 독일의 사상을 비판하였고 또 프랑스의 계급사회를 외부의 시각으로 비판했습니다. 게다가 영국의 정치 경제 상황도 비판하였습니다. 왜 이런 일이 가능했느냐 하면 그 자신이 종교적인 소수자 출신이었을 뿐만 아니라 그 가계가 종교에서 벗어나 있었기 때문입니다. 그리고 당시 지배적이었던 유럽의 3개국을 직접 눈으로 보았다는 것도 중요한 점이라고 생각합니다.

저는 이 모습을 모델로 쫓아왔는데, 독일어를 못한다는 커다란 결함이 있습니다. 베버를 독일어로 읽을 수 없는 것은 아무래도 좋지만, 독일어로 된 오래된 농지에 관한 역사서를 제1차 세계대전 전까지 거슬러 올라가 읽을 수 있으면 좋았을 것입니다. 그리고 어쨌든 고전적인 서적을 읽기 위해서라도 독일어를 할 수 있었으면 좋았을 것이라 생각합니다. 다만 나치즘이 출현해 그 지적 문화를 파괴해 버렸기 때문에, 현대의 것에 관해서 말한다면 독일어는 하지 못해도 괜찮을 것 같다는 생각이 들지만 말입니다.

외재성의 이야기로 돌아갑니다만, 예컨대 뒤르켐은 유대교의 가계 출신으로, 이러한 외재성의 정의에 딱 들어맞습니다. 프레드리크 르 플레는 어떨까요? 그는 프랑스의 노르망디 출신으로, 에콜 폴리테크니크(프랑스의 명문 공학계열 대학-옮긴이)

를 졸업한 인물입니다. 그는 세계의 가족 시스템을 비교 분석한 최초의 연구자이지만 제가 여기서 정의해 온 외재성의 조건에 전혀 들어맞지 않아 보입니다. 하지만 그는 여행을 자주한 사람이었습니다. 광산 기사로서 가게 된 지역을 실제로 관찰하고 답사하는 것으로 연구를 진행한 사람입니다.

이렇게 실제로 여러 프랑스 학자들을 보면 외국에 갔던 사람이 많다는 걸 알 수 있습니다. 어쩌면 가장 먼저 살펴야 할 것이 그 인물과 외국, 바깥 세계와의 관계성일지도 모르겠습니다. 그리고 제가 자주 인용하는 마이클 영M.Young(1915~2002년. 영국의 사회학자)은 여행을 한 사람인지 아닌지 모르지만 미래를 예측하는 힘이 매우 뛰어났던 사람이었습니다. 그리고 제가 사상적으로 공감하지는 않지만 알렉시 드 토크빌A.d.Tocqueville 등도 자기 나라가 아닌 외국 연구로 유명한 학자입니다.

외재성을 만드는 방법

외재성의 조건이 가계나 출신 등 타고난 요소에 의해서 전적으로 결정되는 것이라는 느낌을 주었다면 오해입니다. 또 제게는 사회로부터 벗어난 부분이 없다, 그러니 사회를 객관적으로 관찰할 수 없다고 생각한다면 그 또한 틀렸습니다. 사실은 누구에게나 어딘가 벗어난 부분, 아웃사이더적인 부분이 있는 것입니다. 또 '외재성'은 출신 등 완전히 타고난 것으로 결정되는 것은 아닙니다. 앞서 말한 것처럼 여행 등 '바깥'에 나가본 경험을 통해 기를 수 있는 것입니다. 방법은 얼마든지 있는 셈입니다.

'바깥'의 세계로 나간다는 것은 실제 물리적인 이동만을 의미하는 것은 아닙니다. 상상 속의 이동도 그중 하나일 것입니다. 심지어 본인은 이동할 생각이 없었는데도 어느새 '바깥'의 세계에 나와 있을 수도 있습니다. 예를 들어 저는 아날학파에 많은 영향을 받았지만 이 학파는 이미 역사적으로 과거의 것이 되어버렸습니다. 그래도 전 이 학파의 방법에 아주 충실했습니다. 이렇게 주변이 바뀌었기 때문에 고집스럽게 같은 방법을 고수하던 제가 어느 순간 뒤돌아보니 특수한 학자가 되어버린 것입니다. 주변부적인 것의 정의는 꼭 우리가 생각하고 있는 것만은 아닙니다.

고전을 읽는 의의

〈르 몽드〉지에서 저는 7년 동안 서평을 쓰는 일을 했습니다. 그 경험을 통해 깨달은 것은 매주 훌륭한 저서가 발표되는 것은 아니라는 것이었습니다. 물론 재미있는 책은 많지만 매월 어쩌면 매년 대단히 훌륭한 걸작이 발표되는 일은 없습니다. 연구를 하거나 학문을 하고 있다면 최근에 출판된 책만 읽어서는 안 될 것입니다. 그리고 사실 이 또한 바깥으로 나가는 일 중 하나입니다.

이미 사망한 학자인 마르크스, 뒤르켐, 마이클 영 등과 아직 살아있는 학자 사이에 차이점이 있는지 없는지는 모르겠지만 어떤 의미에서 저는 이미 이 세상에 없는 사람들 사이에서 살고 있다고도 말할 수 있습니다. 특히 사회학, 역사학, 인류학 같은 분야에서 명작, 고전이라고 불릴 만한 작품들이 자주 생겨나는 건 아니니까요. 그래서 대개는 이미 사망한 사람들의 책을 읽게 됩니다. 제가 죽은 자들과 함께 살아가고 있다고 하는 것은 그러한 의미입니다.

저는 마르크스를 비롯해 베버, 뒤르켐, 타르드 등 고전을 정말 많이 읽었습니다. 물론 현대의 연구자들이 쓴 중요한 저작도 있습니다. 맥팔레인도 그렇고 르 루아 라뒤리E.Le Roy Ladurie(1929년~. 아날학파를 대표하는 프랑스의 역사학자)나 피에르 쇼뉘 P.Chaunu(1923~2009년. 프랑스의 역사학자) 등도 그렇습니다. 그래도 살아있는 학자를 싫어하는 것은 결코 아니지만 이미 죽은 사람이 쓴 글이 어림잡아 제 독서의 90%를 차지했을 것입니다. 고전이라 할 것도 있지만 르 플레의 저작 등은 잊힌 것입니다. 이러한 과거의 책을 읽는 것으로도 현재에 얽매이지 않고 한 걸음 물러선 관점을 갖는 것이 가능합니다.

비교라는 방법

외재성이라는 문제는 어쩌면 비교라는 방법으로 이어지는 이야기인지도 모릅니다. 원래 자신의 사회를 다른 사회와 비교하지 않고 사고하는 것이 정말 가능한 것일까요. 저는 뿌리 깊은 비교연구학자입니다. 박사논문도 그랬습니다. 마을과 마을을 비교하는 아주 기술적인 부분이지만 비교가 근본적인 방법론이었습니다.

비교란 무엇일까요? 제게 있어 그것은 우선 수치나 통계의 처리입니다. 애초에 수치라고 하는 것은 단독으로 의미를 가지지 않고, 항상 다른 무언가와 비교하거나 혹은 과거의 다른 시점의 데이터와 비교하는 가운데 비로소 의미를 가집니다. 여러 지역의 통계 데이터를 비교함으로써 그 차이가 보이기 시작하고, 어떤 통계 데이터를 통시적으로 더듬어 감으로써 변화가 보이기 시작하는 것입니다.

이러한 수치의 비교를 통해서 지역이나 인간 집단의 공통점이나 차이점을 찾아낼 수 있습니다. 다양한 통계 데이터와 그 시간적인 변화에 주목함으로써 한층 더 큰 단위로 비교 가능해집니다. 인간 집단마다의 유사성이나 차이점이 점차 부각되는 것이지요. 거기에서 어떠한 공통점을 추출해 나갈 수도 있을 것입니다. 어쨌든 중요한 것은 사회는 실로 다양하다는 것, 그리고 인간의 존재 방식 역시 단일하지 않으며, 집단에 의해 다양한 모습으로 존재한다는 것입니다.

저는 처음부터 인간 집단의 다양성을 지적하거나 사회를 비교하고 싶다고 생각하고 있었던 것은 아니었습니다. 역사인구학을 연구하게 된 출발점은 그저 수학을 잘했다는 것뿐이었으니까요. 케임브리지 시절 이래 연구를 축적해 가는 가운데

자연히 '비교'라는 방법에 이끌려 조금씩 한층 거대한 전망을
개척해 온 것입니다.

다른 세계를 상정하다

자신의 사회를 보는 올바른 시각을 가지기 위해서는 종종
바깥의 사회를 보는 것, 그리고 자신의 사회를 그 바깥의 세계
와 연관 지어 생각하는 것이 필요합니다. 이는 자기 집에서 나
온다는 것과 어떤 점에서는 비슷합니다. 이렇게 보면 한층 더
이해하기 쉬운 이야기가 아닐까요?

참고로 앞서 말한 마이클 영에 대해 보충하자면, 그는 『능
력주의』나 런던 노동자 계급의 풍습을 그린 『이스트 런던의
가족과 친족관계*Family and Kinship in East London*』(1957) 등을 쓴 인물
입니다. 그는 현장 연구를 계속한 경험주의자로, 1950년대의
친족관계의 구축 속에서 어머니들의 역할 등에 대해서 연구했
습니다.

고학력이라는 능력 수준을 구실로 사람들을 선별해 나간
다는 것을 이해한 그는 『능력주의』에서 마르크스주의가 말하
는 경제 격차에 뿌리를 둔 계급화보다 더 왜곡된 형태로 사회
를 계층화해 나갈 것이라고 했습니다.

왜냐하면 우리 사회에서 성공한 사람들은 그 성공으로 인
해 자신들이 가치 있다고 인식하고, 반면에 교육 수준이 낮은
사람들 또한 그 상황이 정당한 것이라고 인식해 버리기 때문

입니다. 그래서 저에게 마이클 영은 가장 존경하는 인물 중의 한 사람입니다. 그는 엘리트와 대중의 대립을 이해한 사람이 었습니다. 그리고 최근에는 데이비드 굿하트D.Goodhart도 같은 것을 말하고 있고, 그도 저작 속에서 영을 인용하고 있습니다 (『엘리트가 버린 사람들』).

영이 외재성의 조건에 해당하는지는 알 수 없지만 그의 책은 SF와 생김새가 비슷합니다. 원래의 저작 자체는 1950년 대 후반에 쓰였지만, 주인공이 2034년의 시점에서 2033년까 지 영국에서 무슨 일이 일어났는지 그 과거를 되돌아보는 형 식입니다. 원래 SF라고 하는 장르는 영국이 만들어 낸 것입니 다. 마이클 영은 웰스H.G.Wells 등의 작가에 기대고 있습니다. 올 더스 헉슬리의 『멋진 신세계』나 조지 오웰의 『1984』 등도 영 국 작품입니다. 영국에는 SF와 사회의 미래를 연결하는 전통 이 있는지도 모릅니다.

어쨌든 영은 있을지도 모르는 별도의 세계를 구축하고, 거기에서 미래 사회를 재규정한 것입니다. 실제로 오늘날 영 이 그린 것 같은 사회가 찾아오고 있습니다. 저도 공상과학을 많이 읽습니다. SF라는 것은 스스로 창조할 수 있는 세계의 바 깥 세계입니다. 즉, 자신이 속한 사회를 보기 위해서는 거기서 나가야 하는 것입니다. 우물에서 나오는 개구리처럼 말입니 다. 사회에서 도망치는 것이 중요합니다. 필립 K. 딕처럼 마약 을 하라고 말하지는 않겠습니다.

지나치게 똑똑한 지능을 가져서는 안 된다

도망치거나 혹은 바깥으로 나가기 위해서는 정신적으로 아주 조금 '삐뚤어져' 있는 것이 좋을지도 모릅니다. 머리가 좋아야 할 것입니다. 그건 물론 그럴지도 모릅니다. 하지만 그 이상으로 지나치게 잘 기능하는 지성이어서는 곤란합니다. 이것은 저의 근본적인 신조로, 제정신에 맞지 않는 사고를 해보거나, 엉뚱한 연관성을 발견할 수 없으면 안 된다는 것입니다.

뇌가 너무 효율적으로 작동하는 사람들, 즉 모난 돌이 될 수 없는 사람들에게는 새로운 아이디어가 나오지 않습니다. 가벼운 정신적 문제는 어쩌면 연구를 진행하는 데 이점이 될 가능성도 있습니다. 자기 사회나 바로 앞에 있는 현실에서 조금 벗어난 곳에 있으니까요. 그리고 그것이 중요합니다. 저도 젊은 시절에는 어긋나 있던 것 때문에 조금 괴로운 생각을 하기도 했습니다. 학업은 평범하게 잘할 수 있었지만, 저는 조금 이상한 젊은이였고, 정신적으로 힘들기도 했습니다. 그래서 책을 읽으며 도망쳤던 것입니다. 책은 그 자체가 하나의 세상이니까요.

덧붙여 말하면 소련 붕괴에 대한 아이디어와 가족구조와 사상의 관계성에 대한 아이디어라는 두 개의 착상이 떠오를 때의 공통점은 개인적으로 정신적인 측면에서 괴로워하던 시기였습니다. 감정적인 갈등에 힘겨워하던 시기였기 때문입니다.

앞 장에서도 말했듯 제게 생각한다는 것은 아이디어를 얻는 것과 같다고 말할 수 있습니다. 변수나 현상 간의 관계성을 직관적으로 느끼는 겁니다. 제 인생에서 중요한 두 가지 아이디어를 얻은 것이 연애 문제를 안고 있던 시기였다는 것에는 사실 중요한 점이 있습니다. 아이디어가 솟는다는 건 일상의 정해진 틀에서 벗어난다는 말이기도 합니다. 그것은 다른 누구에게도 보이지 않았던 것이 보이게 되는 일입니다.

그 이유는, 예컨대 학교에서 배운 것이나 책에서 읽은 것, 우리 머릿속에 있는 것은 다른 사람들이 이미 생각했던 것, 발견한 것입니다. 전문가나 연구자들이 습득한 지식이며, 그것이 학술적인 분야를 구성하고 있습니다. 그러나 거기에서 아무도 보지 않았던 것, 아무도 몰랐던 것을 발견하는 것은—다른 연구자는 어떤지는 모르겠습니다만, 적어도 저의 경우에는—늘 하던 틀 속에서 작업하고 있는 뇌로는 불가능합니다.

다른 형태로 자극을 주다

즉, 상처가 나거나 발을 옮기지 못하는 상태가 되거나 해야 한다고 생각합니다. 머릿속에서 다른 카테고리로 인식되고 있던 두 현상의 관계성을 찾아내기 위해서는 어느 시점에서 뇌가 정상적으로 기능하는 것을 그만두지 않으면 어렵습니다. 머릿속에 어느 정도의 마진, 여유, 혹은 여백 같은 것이 필요합니다. 그리고 무작위의 프로세스가 발생해야 합니다. 저의 경우에는 아마도 정신이 균형을 잃은 상황에서 그것이 발생하기 쉬운 것 같습니다.

이것은 지능지수 따위와는 별개의 문제입니다. 이렇게 해서 저는 결국 정말로 연구자가 된 것입니다. 정신을 차려 보니 이것 이외에는 아무것도 할 수 없는 사람이 되어 있었습니다. 아이디어에는 재미있는 것도 있고 그렇지 않은 것도 있습니다. 첫 번째 아이디어가 나온 것은 25살이었고, 두 번째 아이디어가 떠올랐을 때도 아직 30살이었습니다. 이럭저럭하는 사이에 연구를 해온 지 48년이 됩니다.

저는 스스로를 꽤나 잘 이해한다고 말할 수 있습니다. 그리고 저 자신을 데이터화해 보고 한 가지 분명히 말할 수 있는 것은 아이디어가 떠오르는 때는 우울 상태에 빠져있을 때입니다. 건강할 때는 절대, 아무것도 떠오르지 않으니까요. 불행한 천재의 이미지를 만들고 싶은 것은 결코 아닙니다. 특별히 불행한 것도 아니니까요. 무엇인가 돌파했다고 느낄 때 '아, 역시. 지금 정신적으로 힘겨워하고 있기 때문이로구나'라고 납득하는 경우가 자주 있습니다.

이제 지금까지의 말을 근거로 한 조언을 제 나름대로 정리해 보겠습니다.

(1) 사고 면에서는 자기 나라에 머무르지 말고 바깥으로
    나가라.

(2) SF를 읽고 상상의 세계로 가라.

(3) 이미 죽은 사람의 작품을 더 많이 읽어라.

(4) 연애가 위기에 처했을 때일수록 연구에 매진하라.

이렇게 평소와 다른 자극이 주어짐으로써 아이디어가 떠오르게 됩니다. 사고가 진행되는 것입니다. 저 같은 경우에는 감정적으로 불안했을 때 오히려 사고가 한 걸음 더 나아가는 경험을 하고는 하는데, 외적인 자극에 의해 사고가 정해진 틀을 벗어난다는 것이 중요합니다.

5

분석

현실을 어떻게 다룰 것인가?

지난 이야기에서 알 수 있듯이 제가 무언가를 생각할 때 축이 되는 것의 하나는 데이터이고, 다른 하나는 역사입니다. 케임브리지 시절 저는 피터 라스렛 밑에서 가족구조 연구를 시작했습니다. 어떻게 가족 내에서 상속이 이루어지는지, 그리고 가족 주위에 있는 친족과의 연관성이 어떠했는지 등에 대한 연구입니다. 저는 이러한 과제를 기술적으로 검토하기 시작했습니다.

제 전공은 역사인구학입니다. 그리고 인구학 분야는 역사인구학이든 다른 그 무엇이든 거의 사상에 얽매이지 않는 영역이라는 점이 중요합니다. 기본적으로는 매우 기술적이고 객관적인 학문이고, 사상적인 것은 거의 없습니다. 따지고 보면 인구란 실제로 거기에 존재하는 인간 집단일 따름이니까요.

역사적으로 보아도 자유주의 인구학자와 마르크스주의 인구
학자가 대립하는 일은 없습니다. 모두 출생률의 경향을 나타
내는 지표는 동일한 것을 사용하며 유아사망률에 관해서도 마
찬가지입니다.

그 후 박사 학위를 취득하고 프랑스로 귀국한 저는 소련
붕괴에 관한 논문을 발표했습니다. 이 논문에서는 우선 소련
에서 유아사망률이 높아지고 있다는 객관적인 사실을 기반으
로 했습니다. 그러니까 저는 처음부터 기술적인 관점에서 출
발하고 있었던 것입니다.

아날학파의 약점

저는 사춘기 때부터 이미 저를 역사가인 양 생각하고 있
었습니다. 그리고 아날학파가 가장 유행하던 시절에 배워 역
사학자가 되었습니다. 아날학파는 역사의 종합적인 관점을 받
아들이고 있었습니다. 그 무렵 저는 지금도 가장 중요하게 생
각하는 변수들에 대해 배우게 되었습니다. 그것은 가족, 종교,
교육 수준, 그리고 경제적인 변수와 인구학의 기초인 사망률
과 유아사망률 등입니다. 이 변수들이 제게는 한 집단의 경제
적, 심리적 그리고 생물학적인 상황을 설명하기 위한 근본적
인 변수입니다. 또한 이 변수들은 본질적으로 중장기적인 것
을 분석하기 위한 것입니다.

반대로 말하면 이 변수들은 장기적인 관점에서 분석을 해

야 비로소 변수로서 의미를 갖습니다. 예를 들어 유아사망률의 경우 어느 한 시점에서의 데이터는 그것만으로는 특별히 흥미로운 것이 아닙니다. 추세를 보거나 혹은 다른 나라와 비교함으로써 의미를 갖게 되며, 거기서 문화적인 차이 등이 보이기도 합니다. 또한 유아사망률은 국가의 발전 수준을 반영합니다. 이 변수를 이용하여 세계 여러 나라를 비교해 보면 같은 해의 것이라도 나라마다 결과가 다릅니다. 이를 통해 보면 같은 시기라도 세계 각국의 발전이라는 의미에서는 같은 시대를 사는 것이 아님을 알 수 있습니다. 같은 시대를 살아도 같은 시대가 아니라는 것은 충분히 있을 수 있는 일입니다.

또 아날학파에 대해 알게 된 것은 제가 이 학파의 약점도 물려받았다는 것입니다. 아날학파는 두 차례에 걸친 세계대전 사이에 태어났고 특히 프랑스에서는 제2차 세계대전 후에 개화했습니다. 전쟁의 트라우마를 선명하게 짊어지고 있는 학파입니다. 그래서 거의 본능적으로 국가나 전쟁의 역사, 또 국가를 관리하고 전쟁을 선도하는 엘리트층에 대해 혐오감을 드러냅니다. 그리고 저도 이러한 관점에서 역사를 생각하는 것이 그다지 능숙하지 않다는 것을 알게 되었습니다. 그것을 지금 보완하려고 하고 있습니다. 현재 마크 졸리M.Joly 등의 사회학자들과 논의를 하고 있는데, 그 속에서 점차 이러한 역사를 이해할 수 있게 되었습니다. (이것은 졸리와의 대담 등을 포함해 『경험주의 예찬Eloge de l'empirisme-Dialogue sur l'épistémologie des sciences sociales』으로

2020년에 간행되었다.)

사회를 관찰하는 눈

저 자신을 현대에 놓고 보면 저는 매우 좁고 평범한 세상에 살고 있는 인간이라는 것을 알 수 있습니다. 기성 체제 속에 사는 아이였습니다. 아버지는 언론인이고, 할아버지는 학자인 폴 니장이며, 어머니는 광고업계에 종사했고, 친척 중에는 교사와 언론인이 많습니다.

제가 사회적 다양성을 경험한 것은 결혼을 통해서라고 생각합니다. 첫 번째 아내는 프티 부르주아 계층 출신으로 러시아의 피가 섞여 있는 사람이었습니다. 두 번째 아내는 중류 부르주아 계급, 가톨릭 문화권의 사람이었습니다. 지금의 아내는 프랑스 중부 시골 농민의 딸입니다. 결혼을 통해 여러 사회 계급에 눈을 돌리게 된 것입니다.

저는 파리 14구에 사는 프랑스인으로, 언론인과 프리랜서를 거쳐 공무원이 되었습니다. 전체적으로 이혼을 제외하면 재정적으로 풍족했다고 할 수 있습니다. 이것은 무의식적으로 제 아버지와 비교를 하고 있는 것이라고 생각합니다. 아버지는 제가 가족 중에 지식인이라고 꽤 일찍부터 말씀하셨는데 지적인 측면에 관한 한 아버지에게서 무척 자극을 받았습니다. 아버지는 저널리스트, 리포터로 많은 곳을 여행한 사람이었습니다.

아버지는 프랑스의 시골도 여행했고 베트남전을 취재하기도 했습니다. 비아프라 전쟁과 에티오피아도 취재했습니다. 세계를 돌아다니면서도 여전히 세계를 이해할 수 없다고 말씀하시는 아버지의 모습이야말로 제가 현실 세계를 보는 관점의 근본을 정리하고 있다고 생각합니다. 기자가 되는 것이 세계를 이해하는 가장 좋은 방법은 아니라고 생각하게 된 것도 아버지의 영향입니다. 그런 아버지와 인도로 여행을 간 적이 있습니다. 그 무렵 아버지는 인도 여자아이를 양자로 맞이하기로 했기 때문에 그 여행에 동행한 것입니다.

저는 아버지와 함께 남인도를 여행했습니다. 벵갈루루에서 케랄라주의 코친과 트리반드룸을 돌아 첸나이도 방문했습니다. 아버지도 저도 인도에 큰 관심을 가지고 있었지만 접근방식은 달랐습니다. 아버지는 일단 지역 신문을 읽는 것부터 시작했습니다. 그리고 사람들의 영어 수준이 향상되고 있다는 것에 관심을 가졌습니다. 그의 목적은 현지인들에게 이야기를 듣고, 미술관이나 박물관을 방문하는 것이었습니다.

한편 저는 여행을 하면서 사람들과 이야기하기보다 산책이나 걸어 다니면서 관찰하는 것에 더 관심이 많았습니다. 예를 들어 거리 사진관에 장식되어 있는 한 인도인 커플의 사진을 보고, 사진 속 남성이 여성보다 피부색이 짙은 것을 특기할만한 점이라고 메모한 것입니다. 왜냐하면 인도에서 흰 피부는 사회적인 지위를 반영하기 때문입니다. 게다가 이 커플이 사진을 찍을 수 있었다는 것으로 어느 정도 부유한 계층의 사람들이라는 것, 그리고 여성이 피부가 더 하얗다는 것으로 남성이 자신보다 사회적 지위가 높은 여성과 결혼했다는 것을 알 수 있습니다.

시골을 전철로 이동하면서 밭의 형태를 관찰하기도 했습니다. 케랄라주는 지형이 매우 흥미로웠습니다. 마을을 나오면 논이 있고 수로와 야자수를 볼 수 있습니다. 전철을 타면 항상 사람이 사는 장소가 이어진다는 것을 알 수 있습니다. 작은 마을이, 또 큰 마을이, 아니면 광범위하게 공업화가 진행되기 이전의 변두리라고 부를 수 있는 공간이 이어져 있습니다. 그리고 거기에는 힌두교 사원과 모스크, 공산당 사무실 등도 나란히 있습니다.

제가 무엇을 말하고 싶은가 하면, 저의 여행 방식은 시각에서부터 시작된다는 점입니다. 그건 프랑스에서도 비슷했습니다. 정보와 접촉하는 방법도 그렇습니다. 특별히 신문을 숙독하지 않고 신문 가판대에 나열되어 있는 뉴스 제목을 쭉 보는 것으로 충분합니다. 텔레비전에서도 대충 뉴스를 확인하는 정도일 뿐입니다.

지금 현재로부터 벗어날 것

저는 정보의 상당 부분을 책에서 얻고 있습니다. 책은 텔레비전 등에 비해 사태를 늦게 전달하는 매체라고 하지만 저는 통계연감 등에서 데이터를 뽑아 기본적인 변수를 보고, 종합적으로 고찰하는 것이 일입니다. 게다가 통계가 현재의 시간에 비해 뒤처져 있다는 점은 인터넷의 출현으로 상당히 개선되었다고 생각합니다. 지금 통계는 1년에서 2년 정도 늦지만 옛날에는 3, 4년 늦는 것이 기본이었습니다. 하지만 사물의 경향과 발전에 대해 명확하게 해주는 것으로는 통계만 한 것이 없습니다.

저는 기본적으로 집에서 데이터를 찾아보거나 오로지 책을 읽고 있습니다. 그래서 여행을 자주 가는 편은 아닙니다. 젊었을 때는 여행을 많이 다니기는 했습니다. 그리고 유럽과 일본, 중동, 미국, 캐나다 등 여러 나라를 방문해 실제로 세계를 관찰했습니다. 아버지가 저널리즘의 어려운 점이라 말씀하셨던 것은 '실제의 체험이라고 하는 저항하기 어려운 힘으로부터 도망치는 것'입니다. 아버지가 말씀하시던 것은, 예를 들어 위기 상황에 처한 사람들과 직접 접촉하다 보면, 그들의 입장이 되어 사물을 보게 된다는 것이었습니다. 하노이에서 베트남전을 취재하고 있을 때 미국의 공습을 받는 가운데 북베트남 사람들과 자신을 동일시하는 듯한 감각이 생겨났을 것입니다. 그것을 아버지는 '체험의 저항하기 어려운 힘'이라고 불렀습니다.

한편으로 저는 제가 살고 있는 사회에 관심이 많습니다. 프랑스의 정치적 논의에 가끔 개입해 온 것도 그 때문입니다.

5. 분석

제 해석은 상당히 대담해서 주류들의 사고와는 모순되기도 하고, 그들의 눈에 때로는 심술궂게 느껴지기도 했을 것입니다. 특히 지정학에 관한 발언을 자주 했고, 이 지정학적인 분석에 의해 제가 일본에 알려지게 된 것이 아닐까 짐작하고 있습니다.

따라서 저의 문제는 지금 현재라는 거스를 수 없는 힘에서 벗어나는 것이라고 생각합니다. 지금 현재라는 시간은 존재하지 않는 픽션입니다. 철학자들도 이 문제에 대해 고찰을 해오고 있지만 현재라는 시간 자체는 구성된 것입니다. 현재라는 시간을 주 단위나 월 단위, 혹은 연 단위로 정의할 수도 있습니다. 심지어는 대통령의 임기 5년이라는 기간을 통해 현재를 볼 수도 있습니다. 하지만 재미있는 것은 분석자로서의 강점이란 이러한 현재라는 힘에서 벗어날 수 있다는 것입니다.

분석의 시간적 척도

제가 최근 쓴 『21세기 프랑스의 계급투쟁』은 프랑스의 계급 사회를 그리면서 유로화의 실패와 프랑스 사회가 이를 어떻게 용인했는가를 탐구합니다. 1992년부터 2019년까지를 다룬 것입니다. 즉 마스트리흐트 조약에서부터 노란 조끼 운동까지의 기간을 의미하는 것입니다. 대략 4반세기입니다만 4반세기 정도는 분석의 최소 단위라고 생각합니다. 물론 어떤 사건을 생각하느냐에 따라 다르지만 4반세기는 바람직한 단위로, 원래 한 세대라고 정의할 수도 있는 시간대입니다.

이것은 인구학자의 사고방식입니다. 그리고 인구학자는 종종 코호트(같은 시기에 출생한 사람들의 집단—옮긴이)라는 집단을 기초로 고찰합니다. 각각의 세대는 저마다 독특하게 사고하는 경우가 많습니다. 예를 들면 '출생에 관한 좋은 데이터는 같은 해(혹은 기간)에 태어난 여성 집단의 최종적인 아이의 수'라는 식입니다. 그러니까 인구학은 본질적으로 세대에 따라 사고하는 것입니다. 그런 이유로 20년에서 30년 사이의 기간을 두고 생각하게 됩니다. 저는 짧은 기간을 대상으로 사고할 수 없습니다.

구체적인 예를 들어보도록 하겠습니다. 저는 그동안 취약했던 군사 역사와 외교 역사에 관한 연구에 착수하는 중입니다. 제1차 세계대전이 시작된 가장 직접적인 요인에 대해 알아보고 있습니다. 1914년 여름에 세계대전이 시작됩니다. 그 해에 일어난 일을 시간별로 정리해 고찰하는 것도 매우 중요하지만 동시에 누가 전쟁을 시작했는가를 따져보는 것도 중요합니다. 이와 관련해 저는 독일이 의도적으로 전쟁을 시작했다고 생각합니다. 왜냐하면 당시 독일은 러시아가 힘을 갖게 될 것을 우려했기 때문입니다. 사실 러일전쟁(1904~1905년)으로 러시아가 곤란해하고 있을 때 문제를 빨리 해결하려는 방법이 최선이었을지도 모릅니다만.

그런데 이 물음에 대해 생각하기 시작하자마자 벌써 러일

전쟁까지 거슬러 올라가고 있습니다. 즉 이미 10년 단위로 사고를 시작한 것입니다. 그로부터 다시 왜 독일이 이렇게 오만한 사고를 갖는 단계에 돌입했는지, 왜 대영제국과 동등한 제국을 구축하는 것이 필요하다고 생각하게 되었는지를 살펴보기 위해서는 1871년 독일에서 통일국가가 성립했던 시대까지 거슬러 올라가야 합니다. 또한 왜 광기에 이르렀는지를 한층 더 자세히 고찰하기 위해서는 1860년대 무렵부터 시작된 독일 프로테스탄티즘의 붕괴에 대해서도 생각할 필요가 있을 것입니다. 그 당시 독일인들은 정신적으로 불안해하고 있었습니다. 이렇게 1914년에 관한 책을 읽고 있는데, 어느덧 1870년 전후로 거슬러 올라갑니다.

나아가 19세기 후반 독일에서 볼 수 있는 유아사망률의 비정상적인 고조로 그 가족구성이 한층 더 권위적인 방향으로 전개되는 과정에 관해서도 함께 생각하고 있습니다. 즉 하나의 시점에 대해 사고하는 것은 줌 아웃 트랙 인(카메라를 피사체로 가까이 가져감과 동시에 줌 아웃하며 더 넓은 원경을 잡아가는 과정—옮긴이)과 같은 작업도 수반되는 것입니다.

현재의 상황만 보는 사람도 물론 있겠지요. 과거를 이해하지 못하는 사람도 있을 것입니다. 그러나 정말 미래를 보고 싶다면 한 걸음 물러서서 역사적인 관점에서 고찰하는 것이 필수적입니다. 그렇지 않으면 미래로 향하는 경향이라는 것도 전혀 알아차리지 못할 것입니다. 장기적인 경향에 대한 지식을 가지고 있다면 오늘날의 갑작스럽고 극단적인 변화까지 제대로 파악할 수 있습니다. 장기적인 기간의 분석이 급격한 변화를 이해하고 그에 대응하는 힘을 키워주기 때문입니다.

과거로부터 미래를 생각하다

말할 것도 없이 역사학자는 자연스레 과거에 관심을 갖게 됩니다. 미래를 내다보는 방법에 대해 이야기했지만 저는 이미 나이 들었으며, 기본적으로 과거에 향수를 느끼는 사람이기도 합니다. 과거가 좋다기보다는 과거를 회상하는 것을 좋아한다고 할 수 있습니다. 나이가 들면서 점점 더 심해지고 있는 것 같기도 하고요.

과거에 잠겨 있으면 안도감을 느낍니다. 현대 사회는 여러 가지 일의 속도가 지나치게 빨라 불안을 부추기는 사회이기도 합니다. 테크놀로지의 발전 속도도 대단합니다. 경제 위기도 있고, 현대 사회는 자칫하면 불안을 안겨주기 마련입니다.

모든 점에서 과거의 사회가 훌륭했던 것은 아닙니다. 여름의 수확 철이 다가오기도 훨씬 전에 저축이 바닥나 버린 농민들을 상상해 보면 그것만으로도 상당한 불안을 느끼게 만드는 사회였기 때문입니다.

그러나 헬레니즘 시대의 역사나 로마 제국 시대, 유럽의 신석기시대, 기원전 카니발리즘의 폭력성 등의 역사를 조사하고 있어도, 당시의 폭력성이 지금의 저 자신을 직접 위협할 정도의 위험 요소는 없을 것입니다. 역사는 이미 완료된 것이기 때문입니다. 안심하고 인간성을 배울 수 있는 학문인 것입니다.

제가 미래를 그리기 위해서 항상 역사로부터 배운 것에 힌트를 얻어온 것은 분명합니다. 왜 이런 사고를 하게 되었을까요? 어쩌면 SF를 많이 읽었던 것도 중요한 요인일 수 있습니다. 저는 향수에 젖으면서도 동시에 엘리트의 생존을 위해 포퓰리즘이 필요 불가결해진 현대에는 SF야말로 미래를 예측하기 위한 열쇠라는 생각을 하기도 합니다. 제 속에는 미래를 지향하는 저와 과거를 지향하는 저라는 두 개의 서로 다른 제가 있다는 느낌입니다.

제가 선진국들에 관한 비교인류학에 관심을 가진 계기는 고등학교 시절에 있었다고 생각합니다. 그때 저는 친구들과 함께 네덜란드로 여행을 갔고, 그곳의 높은 생활수준에 놀라곤 했습니다. 친구 삼촌 집에서 처음 전자레인지를 본 것도 생생하게 기억하고 있습니다. 저는 이렇게 과거와 미래 양쪽을 동시에 살 수 있습니다. 이상적인 역사학자란 과거와 미래를 살아야 하는 인간인지도 모릅니다.

신석기시대에 존재했던 폭력에 대해서도 연구를 하고 있는데 어쩌면 이는 유럽에서 일어난 20세기의 폭력을 이해하는 단서가 될 수도 있고, 또 현재 유럽이 어떤 폭력성을 감추고 있는지 이해하는 단서가 될 수도 있습니다. 역사란 인간에 대해 더 잘 생각하기 위한 도구인 것입니다.

역사학, 통계학과의 만남

저는 교육을 통해 많은 것을 얻은 사람입니다. 그중에서도 중요했던 것은 다음과 같습니다.

대학 과정에 들어가서 저는 통계학을 만났습니다. 아직도 1968년 러시아와 미국의 철강 생산량 숫자 같은 것을 기억하고 있습니다. 그렇게 통계학을 접하고 인구학도 만나게 된 거죠.

통계학에 관심을 가진 데에는 조금 특이한 경위가 있었습니다. 저는 이른바 프랑스의 엘리트 코스를 겪어본 적이 없습니다. 엘리트 코스란 예비학교(그랑제콜 준비학교)에 들어가, 이과라면 에콜 폴리테크니크나 에콜 데 민이라 불리는 고등공업학교를 목표로 하고 문과라면 나의 조부도 다녔던 고등사범학교의 입학을 목표로 하는 것입니다. 그러나 앞에서 언급했듯이 저는 역사학자가 되고 싶었습니다.

파리대학교 역사학부에 입학한 것은 학력으로는 대단한 일이 아니었습니다. 그래서 아버지는 저를 파리정치대학에도 입학시키신 것입니다. 그렇게 저는 파리 5구의 대학과 7구의 정치대학에 다니게 되었습니다. 학부를 두 코스 병행하면서 서로 다른 분야의 공부를 했습니다. 학문 자체는 달랐지만 어느 쪽이든 잘하는 분야가 있었습니다. 저는 수학을 잘했기 때문에 정치대학에서 통계학 수업을 들었습니다. 저처럼 고등학교에서 이과였던 사람은 같은 학년에 적었기 때문에 유리한 고지에 설 수 있었습니다. 파리대학교 역사학부에서도 마찬가지로 통계학 수업을 들었습니다. 제가 역사통계학을 전공하게 된 것은 이 분야에서 숫자를 다루는 통계가 필요했기 때문이지만 그와 동시에 이과적 사고력 능력의 활용으로 역사학을 전공하는 학생들 중에서는 톱10에 진입할 수 있었기 때문입니다.

역사통계학의 사고 방법

파리대학의 첫 역사통계학 수업은 자크 뒤파스키에 J.Dupasquier(1922~2010년. 프랑스의 역사학자) 교수의 수업이었습니다. 나중에 케임브리지로 가서야 그가 매우 권위적인 인물이어서 '나폴레옹 뒤파스키에'라는 별명이 붙었다는 사실을 알게 되었습니다. 그는 역사통계학에 열정을 가지고 있었고 처음에는 중등교육 교원으로 있다가 대학교수까지 이른 사람이었습니다. 그는 학생인 우리에게 18세기 어느 마을의 주민 명단, 출생 등록부, 결혼 등록, 사망 신고를 사용한 과제를 부과했습니다. 그는 이러한 목록에 올라있는 18세기의 마을 사람들을 그곳에서 되살려 마치 지금 살아있는 것처럼 보이도록 하는 능력을 가지고 있었습니다. 정말 대단한 재능이었습니다. 이렇게 그는 자신의 머리를 잘 사용하면 이들 명단에서 집단 단위로 출생률, 사망률, 결혼 연령, 가족 규모 등을 계산할 수 있음을 가르쳐 주었던 것입니다.

이렇듯 저는 통계학을 개인 단위로 사고하는 방법에서 출발합니다. 그리고 개인이 모여 만들어지는 집단이 일반적으로 알려진 종합적인 형태의 통계 결과를 만들어 낸다는 사고방식을 기반으로 하고 있습니다. 그 후 저는 케임브리지로 갔고 피터 라스렛이 지도교수가 되었습니다. 라스렛 교수는 뒤파스키에보다 조금 세련된 모습이었지만 비슷한 사고를 가진 사람이었습니다.

라스렛은 원래 정치철학자 존 로크 전문가였는데, 어느 날 영국의 두 마을 사람들의 명단을 발견하게 되었습니다. 이 통계를 바탕으로 그는 개인 모임인 교구 목록 연구를 시작했고, 이를 집단으로 보았을 때 대가족, 가령 3세대에 걸친 가족이 없다는 사실을 알게 되었습니다. 그 자리에 있던 것은 이른바 핵가족이었습니다. 라스렛은 또 다른 논문에서 마을 사람들의 이동을 비교한 결과를 발표했습니다. 여기서도 개인으로부터 출발하는 방법을 택하고 있었습니다.

저는 케임브리지에서 프랑스 북부에 있는 롱게네스Longue-nesse라는 마을의 목록을 전달받았습니다. 이 목록은 종교전쟁의 흔적으로 개신교가 아닌지 확인하기 위한 인구조사였습니다. 이미 이 마을에 관해 한 학생이 가족 재구성에 관한 연구를 시도하고 있었습니다. 하나의 결혼을 중심으로 그에 관계된 아이들을 모두 세고 인구통계적으로 가족이 어떤 기능을

161

하고 있었는지, 또 그 친연관계에 대해 검토하는 조사였습니다.

라스렛은 이러한 데이터를 바탕으로 한 후에, 이 마을의 친연관계의 밀도를 계산하라고 말한 것입니다. 즉 누가 누구의 사촌인지, 마을 사람들은 사촌끼리인지, 마을은 닫힌 공간인지, 이런 것을 생각하라는 것이죠. 이렇게 해서 저는 뒤파스키에와 라스렛에 의해 종합적인 통계란 실제 개인을 기반으로 한 세심한 연구의 결과라고 하는 비전과 마주하게 된 것입니다.

저는 이 분야의 연구를 시작하려는 시점에서 통계에 관해 매우 현실적이고 겸허한 시각을 갖고 있었습니다. 통계에 관심이 없는 사람에게는 이 이야기가 전혀 의미가 없을지도 모르지만 저에게는 매우 중요한 점입니다. 예를 들어 INSEE(프랑스 국립통계경제연구소)가 금년의 물가지수는 X%라고 공표했다고 칩시다. 저는 이 물가지수라는 것이 매우 복잡하고, 구성된 숫자이며, 많은 논란의 여지가 있다는 것을 알고 있습니다. 그래서 이것이 어떻게 나왔는지 바로 확인에 착수합니다. 물가지수에는 무엇이 포함되어 있는가 하는 것입니다. 왜냐하면 물가는 예를 들어 사망에 관한 데이터보다 신뢰도가 낮기 때문입니다. 사망에 관한 수치는 무엇을 의미하는지 누구나 금방 알 수 있습니다.

데이터의 이면에는 사람이 있다

제가 처음으로 직감을 얻은 데이터, 곧 유아사망률 데이터에 관해 말씀드리겠습니다. 레이몽 아롱R.Aron이란 사회학자는 제 할아버지, 폴 니장의 친구였습니다. 그는 저의 저서 『최후의 전략』을 평가해 주었습니다. 하지만 그에게 이 글은 어디까지나 공산주의를 풍자하는 문서였습니다. 그리고 이미 돌아가신 공산주의자 친구의 손자가 이렇게 반공주의 저작을 쓴 것을 아주 재미있게 보았습니다.

그런 그와 이 책에 대해 논의한 적이 있습니다. 그가 일하는 파리의 생미셸 거리의 작업실에서 나눈 이야기는 지금도 기억납니다. 저는 제가 반공주의자이기 때문에 소련의 전략에 대해 쓴 것이 아니라고 말했습니다. 그게 아니라 유아사망률이라는 데이터 자체가 굉장히 중요한 것이므로 거기에 기초해서 쓴 책이라고 말했습니다. 그에 대해서 아롱은 거시적인 시각을 가지고 있었기 때문에 소련 영내의 이슬람권 공화국이 이 지표를 높이는 것이라고 주장했습니다. 그러나 저는 "아니, 그렇지 않습니다. 이 시스템의 중추는 러시아입니다. 이건 정밀하게 조사한 결과입니다"라고 설명했습니다. 아무튼 그와 저 사이에 무엇이 근본적으로 달랐느냐 하면 저는 정말 어린 영아들이 죽었다는 것을 구체적으로 상상한 반면, 아롱에게 이 수치는 어디까지나 추상적인 숫자에 불과했다는 점일 것입니다.

저는 통계학에 관해서는 아주 색다른 비전을 가지고 있다고 말할 수 있습니다. 원래 인구학은 사람의 삶과 죽음에 관련되는 영역으로, 사회과학 중에서도 매우 인간적인 측면을 가지고 있다고 말할 수 있습니다. 그래서 저는 이 유아사망률을 단순한 수치로만 보지 않고 사회의 가장 약한 인간, 유아들에게 일어나고 있는 불행으로 보았으며, 유아는 가족이나 음식, 건강에 관한 지원 등을 필요로 하는 존재라고만 인식하고 있었습니다. 그 당시 제게는 아직 자식이 없었지만, 저는 사람이 살고 있는 현실에 대해 상당히 구체적인 관계를 생각하고 있었습니다. 유아사망률에서 사람들이 보였던 것입니다. 아이, 엄마, 병원, 그리고 실제로 헝가리에서 보고 들은 현실과 직접 관련지어 생각하고 있었습니다.

현실에는 여러 가지 설명 방식이 존재한다

라스렛 교수가 제시한 과제 이야기로 돌아가죠. 저는 마을 내에서의 친연관계의 밀도라는 새로운 과제를 받았습니다. 저는 단순히 개개인을 마주하는 것만이 아니라 스스로 밀도 지표를 정의하는 것에서부터 시작해야 했습니다.

보통이라면 인구학 학생들에게는 출생률과 사망률, 혹은 조금 더 정밀하게 출생 지표, 사망 지수 등이 주어집니다. 이미 어느 정도의 정당성을 인정받아 옛날부터 사용되고 있는 지표를 사용할 수 있는 것입니다. 그런데 이 밀도에 관해서는 지표가 없으니 일단 측정해 보라는 말을 들었습니다. 우선 기술적인 문제에 맞닥뜨렸습니다. 왜냐하면 친연관계에 있는지 없는지 모르는 사람들이 있었기 때문입니다. 저는 목록에 있는 마을 사람의 친연관계는 일부밖에 재현하지 못해서 곤란해졌습니다. 그런데 어느 순간 문득 떠올랐습니다. 일부 사람들은 같은 성을 가지고 있어야만 친연관계를 증명할 수 있다는 것을 말입니다. 거기에서 저는 밀도에 관해 최대 지표와 최소 지표를 정의했습니다.

최소 지표에서는 관계성을 찾을 수 있는 데이터만을 사용하고, 최대 지표에는 성씨를 통해 친연관계에 있다고 생각되는 사람들을 추가했습니다. 거기에서 혈연관계에 대해 두 종류의 지표를 정의했습니다. 하나는 절대 지표, 하나는 상대 지표였지요.

이 경험을 통해 저는 통계적인 지표라는 것도 제가 정의하고 만드는 것이라는 것, 그리고 현실이란 어떻게든 설명할 방법이 있다는 것을 알게 되었습니다.

인구로부터 저는 통계의 길로 들어섰습니다. 또 그 배움의 첫 시점에서 이미 존재하는 지표를 사용하는 것이 아니라 스스로 정의해야 했던 경험이 제가 숫자와 굉장히 특수한 관계를 맺게 된 이유라고 생각합니다.

통계학은 17세기와 18세기 사이에 태어난 학문 분야입니다. 과학이라고 부를 수 있을지는 모르겠지만 응용수학이라고 불리는 분야에 속합니다. 영국이 발상지이지만 인구학도 포함하여 사람이 지표를 정의하는 것으로 시작되었습니다. 스스로 지표를 정의해야 했던 저는 통계학과 비슷한 것이 시작된 17세기의 상황에 놓였다고도 말할 수 있습니다.

상관계수로 해독하다

물론 그때까지 제가 대학 등에서 배운 기본적인 것들도 많이 있습니다. 예를 들어 상관계수 계산도 그중 하나입니다. 마침 『21세기 프랑스의 계급투쟁』을 쓰기 위한 조사 과정에서 이 상관계수가 아주 재미있다는 것을 발견했습니다.

상관계수는 변수를 관련짓는 것이지만 지금은 엑셀 같은 것을 사용하면 순식간에 생겨버립니다. 여기서 중요한 것은 그것을 어떻게 해석하는가 하는 점입니다. 간단히 말해서 이 상관계수는 절댓값이 0과 1 사이, 즉 -1과 1 사이로 정의되어 있고, 0에 가까우면 상관관계가 별로 없고 1에 가까울수록 강하다고 할 수 있습니다.

예를 들어 1980년대 여성의 결혼 연령 수치와 출생률을 측정해 보겠습니다(『세계의 유년기』). 이 지수는 0.8 정도로 높았을 것입니다. 그 당시에 가장 상관관계가 강했던 것이 여성의 결혼 시기와 식자율의 고조였다고 생각합니다. 하지만 저는 그때부터 궁금했습니다. 학업 기간이 길어지면 결혼 시기는 늦어진다는 것. 이 둘이 어쩐지 관계가 있을 것 같다고 추정할 수 있었습니다. 저는 결코 위대한 통계학자가 아니지만, 이 상관계수는 조금 조심해야 한다는 것을 깨달았습니다. 만약 상관관계가 0.9 이상이 되어버린 경우에는, 무엇인가가 이상하다고 생각하기 마련입니다.

예를 들어 상관계수가 0.7로 나타난 경우 종속변수의 분산을 0.49(0.7의 제곱) 즉 거의 절반쯤 설명할 수 있습니다. 따라서 0.9가 되면 그것이 80% 이상이 되는 것입니다. 사회과학 분야에서는 항상 불완전한 수치가 포함되게 마련입니다. 그리고 이러한 결함 수치가 상관관계를 약화시킵니다. 왜냐하면 불완전한 수치는 예측할 수 없는 상황을 초래하기 때문입니다. 이를 감안해서 그래도 결과가 0.9가 된 경우, 어쩌면 중대한 실수를 범하고 있을지도 모른다는 것을 알아야 합니다. 내가 선택한 두 가지 변수는, 사실은 두 개가 아니라 하나일지도 모르는, 즉 같은 것일지도 모르기 때문입니다. 같은 변수가 다른 이름이나 형태를 취하고 있는 것일 수도 있다는 것입니다.

이번에 제가 찾은 상관관계는 2017년 프랑스 대선 때 마크롱 대통령에 대한 투표와 르펜에 대한 투표에 관한 것입니다. 이 상관계수는 무려 -0.93이었습니다. 이 두 명의 후보자에게 투표한 유권자는 전체의 45%밖에 안 됐는데 이런 수치가 나온 것입니다. 확실히 선거에서 두 명의 중요한 후보가 대립하는 상황에서는 그 상관관계가 어느 정도 강하게 마이너스가 나오는 것은 당연하지만 그들 외에도 후보자가 많이 있던 가운데 이 정도의 수치가 나온 것에 정말 놀랐습니다. 두 번의 대선에서 르펜을 지지한 사람들의 상관관계는 당연하지만 매우 강한 99.8이었습니다.

즉 르펜을 지지하는 투표율을 확인할 수 있는 지역에서는 마크롱의 투표율도 알 수 있습니다. 이로부터 말할 수 있는 것은, 마크롱에게 투표하는 행위를 결정하고 있는 유일한 요인은 '반 르펜'이라는 것입니다. 마크롱 표에는 내용이 없고, 어디까지나 르펜에 투표하지 않기 위해서 마크롱에 투표한다는 것이 확실해진 것입니다. 이것은 사회과학의 분야에 있어서는 큰 발견이라고 할 수 있다고 생각합니다. 이렇듯 저는 통계에 아주 구체적인 연관성을 가지고 있습니다.

또 이 책에서는 단순하게 상관관계에 대해 고찰하는 것이 아니라, 지역별 산포도를 공표해 이 0.93이라고 하는 상관계수에 도달한 경위를 보여주고 있습니다. 정치 분야에서 이만큼 일치하는 경우는 극히 드물어서 이것을 발견했을 때는 매우 기뻤지요. 저는 이 계산을 하기 위해 엑셀을 사용하였습니다. 그리고 이를 위해 모든 정당의 데이터를 뽑아내기도 했습니다. 마이너스가 될 것이라고는 생각했지만 이 정도의 수치가 나올 것이라고는 예상하지 못했습니다.

아까 말씀드렸듯이 너무 강한 관계성은 조심스러워해야 하는 측면이 있습니다. 그리고 미디어를 포함해 세상이 르펜과 마크롱이 상반되는 정반대의 세력이라고 떠들고 있는 가운데 저는 그들의 공통점에 주목했고, 사실 두 사람 모두 민주주의를 위협한다는 것을 발견했습니다. 그 고찰이 모두 상관계수 덕분입니다.

다만 제가 쓰는 통계학의 수준은 아주 높은 것도 아니고, 자주 사용하는 도구는 퍼센트나 상관계수 정도입니다. 혹은 회귀식을 사용해 분석을 실시하거나 잔차를 통해 예외에 대한 분석을 실시하기도 합니다. 그리고 때로는 예외끼리 공통점을 가지고 있다는 것을 깨닫기도 합니다.

아주 기초적인 분석 도구인 상관계수인데도 이렇게 놀랍고 재미있는 발견을 이끌어낼 수 있는 것입니다.

기계처럼 검증하다

이제 다음으로 『21세기 프랑스의 계급투쟁』의 전체적인 리서치와 검증을 어떻게 진행했는지에 대해 설명하겠습니다.

예를 들어 이 책에서도 중요한 요소인 노란 조끼 운동에 관해서는 공간에 대한 정보를 많이 모았고, 지도나 참가자의 이동에 관한 데이터, 그리고 운동의 사회학적 분석 등도 조사했습니다. 그로부터 이 운동을 이미 정의한 사회구조 속에 집어넣어 분석했습니다.

이 운동의 핵심적인 내용은 원형교차로Rond-Point입니다. 이곳을 점거하고 있는 사람들의 수입을 대충 파악해 보면 이들이 사회 전체 속에서 어디에 위치한 사람들인지도 금방 알 수 있습니다. 프랑스의 월수입 중앙치는 700유로(약 95만 원)에서 1,800유로(약 245만 원) 정도여서 1,400유로(약 190만 원) 정도 버는 사람들이 운동의 중심에 있으면 대략 어느 정도 사회적 지위에 있는 사람들인지도 알 수 있는 셈이죠. 사회구조를 일단 정의할 수 있다면 그 안에서 일어나는 운동의 분석도 원활하게 진행할 수 있게 되는 것입니다.

참고로 다음 장에서 자세히 설명하겠지만 이 책은 제가 친구에게 구두로 내용을 알리고 그 친구가 집필을 담당하는 방식으로 진행했습니다. 도와준 친구는 저의 옛 저서『최후의 전략』과『광인과 프롤레타리아』가 참고할 만하다고 했습니다. 『광인과 프롤레타리아』에서는 예를 들어 제1차 세계대전 직전 부르주아 계급에서 자살률이 증가한 것 등을 분석했는데 이를 이번 책에서도 살펴본 것입니다. 생활수준의 저하부터 들여다보면, 프랑스의 문제는 불평등의 확대가 아니라 생활수준의 저하라고 말할 수 있습니다. 이 저하는 사회 속 모든 계급에서 발생하고 있습니다. 즉 상류층 자녀들 사이에도 확대되고 있는 것입니다. 그러나 거기에서, 상황이 악화될수록 그 사회의 자살률은 낮아진다는 결과에 도달했습니다.

인터넷 덕분에 다양한 변화에 대해 신속하게 조사를 진행할 수 있었습니다. 먼저 프랑스의 연령별 인구구조 변화를 분석하고 불평등의 진행, 풍요의 진전, 직업별 교육 수준의 발전 등을 분석했습니다. 이 변화들을 설명하면서, 자주 읽은 나머지 외울 만큼 잘 알고 있는『루이 보나파르트의 브뤼메르 18일』을 다시 읽었습니다. 마르크스가 그린 사회구조를 다시 한번 읽어본 것입니다.

저는 프랑스의 '사회직업분류(CSP)'의 발전을 1990년부터 추적해 왔으며, 또 마르크스로부터 힌트를 얻어 새로운 유형을 제안했습니다. 예를 들어, INSEE의 유형 중 하나인 '상급 관리직 · 지적 전문직'을 중류 속의 상층부에 속하는 계급이라고 부르지 않고, '프티 부르주아지(상급 관리직 · 지적 전문직)'라고 재정의했습니다. 마크롱에게 투표하는 사람들은 이 범주에 속해 있습니다.

마찬가지로 노동자들이 축소되는 경향도 관찰했습니다. 마르크스가 분해되는 농민에 대해 고찰했듯이 저도 프랑스 사회에 분열하고 있는 그룹의 존재를 발견했습니다. 그리고 이런 사회 묘사를 한 뒤에 정치적으로 무슨 일이 일어났는지를 검토하고 여론조사를 분석했습니다. 이런 가운데 제가 정의한 사회계급이 어떤 투표 행동을 하는지도 고찰했습니다.

이렇게 이 책 또한 데이터의 수집과 그 분류화, 그리고 지금까지 읽어온 문헌의 재독 등 아주 기본적인 단계를 밟아 진행된 것입니다.

통계학적 상상력

이렇게 제 연구의 근본에는 통계 데이터와 역사가 있습니다. 그리고 그 뒤에는 지극히 구체적인 형태로 인간이 있다는 것도 이해했으리라 생각합니다. 물론 처음부터 그랬던 것은 아니지만 거의 반세기에 걸쳐 연구를 축적해 감으로써 역사가 보여주는 인간상을 개인적으로 그릴 수 있게 되었다고 느낍니다.

미국의 사회학자 C. 라이트 밀즈C.W.Mills의 『사회학적 상상력』이라는 책이 있습니다. 극히 단순하게 말하면 사회학적 상상력이란, 개인이 일상생활에서 직면하는 다양한 문제점을 사회의 구조변화라고 하는 거시적인 맥락으로 파악하는 관점을 가지는 것입니다. 이에 대해 저는 '통계학적 상상력'이라고도 말할 수 있는 개념을 가지고 있습니다. 종합적이고 추상적인 것이라 생각되기 십상인 통계 데이터를, 구체적인 인간 생활이라고 하는 맥락으로 파악해 어디까지나 경험주의적인 태도를 기반으로 해 숫자를 다루는 것. 이것으로 저는 인간이란 무엇인가를 결과적으로 이해하기 시작했습니다.

어느 콘퍼런스에서 저를 프랑스 지식층에서 통계와 특별한 관계를 맺고 있는 사람이라고 소개한 적이 있습니다. 하지만 어쩌면 애초에 통계와 '관계를 맺고 있다'는 것 자체가 특별한 것일지도 모르겠습니다. 대부분의 학자는 인간을 추상적인 '인간'으로 파악하는 경향이 있기 때문입니다. 그와 달리 저는 남자는 몇 %, 여자는 몇 %라는 식으로 대체로 구체적인 사고를 합니다.

6

출력

쓴다는 것, 말한다는 것

배우는 것이나 이해하는 것, 아이디어를 얻는 것의 기쁨은 본래 그 자체로 충분합니다. 책을 읽는 것만으로 만족할 수 있는 사람도 있을 것이고, 나름의 아이디어를 얻었다고 해도 반드시 사람들에게 널리 알리고 싶지 않은 사람이 있을 수도 있습니다. 그런데 왜 그것을 밖으로 드러내려고—그것은 구체적으로는 '말하는 것', '쓰는 것'이란 두 가지의 형태를 취합니다—하는 걸까요?

저의 경우 가장 간단한 대답은 그게 학자의 일이기 때문입니다. 책이든, 논문이든, 혹은 강연이나 인터뷰든, 어떠한 수단을 통해서 자신의 연구나 생각을 표명하는 것은, 학자라면 누구나 하지 않으면 안 되는 일입니다.

그리고 개인적인 생각을 말하자면 글을 쓴다거나 생각을

드러내는 것에 대해 우리 집안에서는 확고한 원칙 같은 것이 존재하는 것 같습니다. 제 아버지는 유명한 언론인으로, 여러 언론에 집필도 하고 소설도 쓴 적이 있습니다. 그리고 저의 할아버지는 폴 니장입니다. 젊은 나이에 돌아가셨기에 직접 뵙지는 못했습니다. 그럼에도 저술가로서 책을 씀으로써 사람들에게 말을 거는 그의 작업은 평범할 수도 있겠지만 집안의 전통으로 맥을 이어왔습니다.

저는 1977년에서 1983년까지 7년간 〈르 몽드〉지의 서평 담당을 맡아 일했고, 문화 저널리즘 방면에서 일해 왔기 때문에 학술계의 다른 사람들보다 말하는 방식이 단순하고 명료합니다. 그리고 연구자로서 새로운 이론을 제시하기도 하면서 한편으로는 정치나 지정학의 해설자, 심지어 논쟁가라는 면모를 가지고 있습니다. 저는 다른 차원에서 연구자로 활동하고 있다고도 할 수 있습니다. 먼저 기초 부분에서는 가족구조의 역사와 그로부터 파생되는 사상에 관한 연구가 있지요. 그리고 가끔 프랑스나 지정학에 관해 정치적인 발언도 합니다. 모두 리듬이 다른 주제인 것입니다.

사회를 향한 발언

우선 정치에 관한 이야기부터 시작하죠. 제가 정치적인 코멘트나 시사적인 발언으로 널리 알려져 있다고 생각하기 때문입니다. 제가 정치에 대해 언급하는 때는 소위 프랑스의 잘 알려진 지식인들이 하는 정치적 개입과는 다릅니다. 에밀 졸라E.Zola의 '나는 탄핵한다!'라는 유명한 공개장을 예로 들겠습니다(1898년, 졸라는 스파이 혐의를 받은 드레퓌스를 옹호하고 정부의 반유대주의를 고발하는 공개장을 발표, 모욕죄로 유죄판결을 받고 영국 망명을 할 수밖에 없게 되었다). 그것은 졸라라는 인물이 사회적으로 인정받고, 이미 사회의 도덕적 권위자로 인정받고 있었기에 가능한 일이었습니다. 그리고 그는 자신의 도덕적 권위를 사회의 대의를 위해 행사했습니다. 이런 용기 있는 행동은 매우 훌륭하고 고귀한 목적을 위해 일으킨 행동이었지만 졸라는 해결되는 것을 보지 못하고 생을 달리했습니다.

제가 정치적인 발언을 할 때 이런 도덕적 권위를 가졌다고는 전혀 생각하지 않았습니다. 저는 그저 사람들이 잘못 가고 있다고 느낄 때 논평을 할 따름입니다. 이는 경제나 사회, 가족이 작동하는 방식에 대해 제가 알고 있으나 사람들이 아직 모르는 것을 알리기 위해서입니다. 이른바 사회과학자로서 사회에 개입하는 것입니다.

다만 제가 특히 사명감에 불타고 있었기 때문에 시작한 일은 아니었음을 밝혀두고자 합니다. 맨 처음 정치적 발언을 한 것은 시라크에 관한 문서였습니다. 생시몽 재단에서 의뢰를 받아 정치를 분석한 문서를 썼지요. 그 문서에서 저는 일정한 조건을 고려하여 시라크가 당선될 가능성이 있음을 지적했습니다. 그리고 이어서 그 내용을 시라크의 앞에서 발표할 기회도 얻었습니다. 시라크는 제 주장에 관심을 가지고, 이 문서를 선거를 위해 이용했습니다. 그러자 언론은 제가 시라크와 한통속인 것처럼 말하기 시작했고, 저는 순식간에 유명해져 사람들은 제게 의견을 물어보기 시작했습니다.

이렇게 1995년부터 저는 언론에 노출되기 시작했습니다. 하지만 저는 언론사를 위해 기사를 쓴 적은 없습니다. 1년에 한 번 정도 서평을 하는 일은 있지만, 사회에 뭔가를 제안하는 등의 기사를 집필하지는 않습니다. 저는 한 번도 '나는 이렇게 생각해'라는 태도로 기사를 써본 적이 없습니다. 스스로 붓을 들고 기사를 쓰는 것이 아니라 어디까지나 인터뷰만 할 따름입니다. 스스로 관점을 제기하는 것이 아니라 질문에 답을 하는 것이 기본 스타일인 것입니다.

인터뷰를 할 때에는 그 전에 많은 생각을 하기 때문에 언론인에게 저는 아주 좋은 손님이면서 동시에 귀찮은 상대이기도 합니다. 왜냐하면 저는 마치 마주 앉는 순간부터 쓴 것 같은 내용을 말하기 때문입니다. 나중에 그것을 문장으로 만들기는 그렇게 힘들지 않을 것입니다. 저는 말하기 전에 할 말을 미리 생각해 둡니다. 인터뷰 전에 노트에 정리를 하는 일은 없습니다.

분노에 근거한 개입

정치에 개입할 때 저의 기본 스타일에서 벗어난 적이 있습니다. 샤를리 때의 일입니다(2005년 1월, 풍자화 게재로 잘 알려진 〈샤를리 에브도〉 잡지 편집부가 습격당했으며, 또한 동시다발적으로 프랑스 국내에서 여러 건의 총격 사건이 발생, 다수의 사상자를 냈다. 이에 따라 일련의 사건에 반대하며 '내가 샤를리다'라는 표어로 표현의 자유를 호소하는 대규모 시위가 벌어진다. 토드는 『샤를리는 누구인가?』에서 이러한 사회 상황을 비판해 커다란 논쟁을 불러일으켰다). 이때만은 달랐습니다. 저는 한 달도 안 돼 『샤를리는 누구인가?』를 탈고했습니다. 물론 집필을 할 때 학술적 요소를 포함시키고 가톨릭시즘에 관한 지도도 만들었지만 어쨌든 이슬람을 악역으로 몰아세우는 사회에 미친 듯이 분노를 느꼈습니다. 교정쇄는 실제 출판된 것보다 더 격렬했지요. 저의 차별주의에 대한 강한 혐오감이나 유대계 가족의 역사 등이 그런 정신 상태를 빚어냈다고 생각합니다. 이때는 개인적 신조나 가족의 신조, 할머니가 말씀하셨던 인간은 모두 동등하다는 생각 때문에 싸워야겠다고 결심했습니다. 또 어떤 의미에서 제 후손을 위한 행동이기도 했습니다.

프랑스는 라이시테laïcité(정교분리)를 표방하는 공화국이며, 표현의 자유를 지키기 위해 많은 사람들이 시위를 했습니다. 저도 흥미를 느껴 더러 시위에 나가보았습니다. 그러나 무언가 달랐습니다. 무함마드의 캐리커처는 꼭 그려야만 했다고 생각되지 않았는데, 큰딸이 이슬람교도와 결혼한 것도 영향을 미쳤을 것입니다. 그리고 〈리베라시옹Libération〉지를 사 보니,

거기에는 프랑스 각지에서 시위가 어느 정도였는가에 대한 지도가 실려 있었습니다. 그것을 보고 저는 번뜩였습니다. 그건 프랑스의 가톨릭 지도와 같았습니다. 가톨릭이 매우 강했던 지역에서 큰 규모의 샤를리 시위가 일어난 것입니다. 정교분리의 원칙은 겉치레라는 생각이 들었습니다. 시위가 대규모로 벌어진 지역은 지금은 그렇지 않지만 옛날에는 다른 곳에 비해 신앙심이 깊은 지역이었습니다. 그래서 저는 책을 썼습니다. 결과적으로 엄청난 사태를 촉발하고 말았습니다.

하지만 이것은 소련의 유아사망률과 다르지 않습니다. 하나의 데이터, 수치, 그리고 지도, 오직 그것일 따름입니다. 다만 이 직감을 얻기 위해서는, 이 분야에 관한 수년간의 축적이 있어야 할 것입니다. 방대한 지식을 축적하고 있으면 매우 쉽게 눈에 띄는 것이 있습니다.

가톨릭교의 지도에 대해서는 『프랑스의 창건L'Invention de la France』(1981) 등에서 기술한 바 있었고, 『프랑스의 수수께끼Le mystère français』(2013)에서는 미사 등 종교 행사에 가지 않는 사람들 가운데에서도 종교적 영향을 관찰할 수 있는 경우도 있다고 언급했습니다. 2015년에 펴낸 이 책에서도 직감은 있었지만 그동안 축적해 온 것이 있었기에 가능한 일이었습니다.

글쓰기는 서툴다

표현 수단 중 가장 구체적이고 손쉬운 일이 집필이라는

작업입니다. 저는 연구자로서 인생에서 여러 권의 책을 써왔습니다. 그렇다고 글을 잘 쓰느냐 하면 그렇지도 않습니다.

제가 경력을 시작할 때에는 약간의 해프닝 같은 측면이 있었습니다. 저는 성격적으로는 매우 내성적입니다. 물론 평범하게 교육을 받아왔지만 젊었을 때는 글쓰기가 매우 힘겨운 일이었습니다.

의무교육 기간 동안 학교는 제게 늘 기분 좋은 곳이었습니다. 친구도 많았고 성적도 좋았습니다. 초등학교보다도 중학교와 고등학교가 즐거운 기억으로 남아 있습니다. 프랑스어로 무언가를 쓴다는 것에 거부감이 있었던 이유는 아마 어떤 것도 쓰고 싶은 것이 없었기 때문인 듯합니다. 저 자신을 표현하기 힘들었던 교과목은 프랑스어와 철학이었습니다. 정말 진심으로 할 말이 없었기 때문입니다. 프랑스어나 철학 수업은 겨우 유급을 면할 만한 점수였을 정도로 감을 잡을 수 없었고 문법도 서툴렀습니다.

물론 대학에 진학했고, 원래 학년이 1년 앞서 있었기 때문에 어느 정도 뒤처지더라도 역사나 경제, 인류학 등에서 지식을 쌓는 일에 정성을 쏟았습니다. 이미 그런 경향이 있었던 것이죠. 하지만 어떻게 해도 쓴다는 것은 힘든 일이었고, 서투르기 그지없었습니다.

제게는 장 피에르라는 동갑내기 삼촌이 있습니다. 삼촌과는 거의 함께 자라, 서로서로 쌍둥이처럼 여기는 인물입니다.

6. 출력

그에게는 음악적 재능이 뛰어났습니다. 바이올린과 피아노는 물론이고 여러 가지 악기를 연주할 수 있었고, 어학에도 재능이 있었습니다. 그리고 프랑스어 쓰기에 정말 재능이 넘쳤습니다. 그는 저보다 7주 일찍 태어났는데, 저는 그에게서 항상 열등감을 느끼고 있었습니다. 이럴 정도로 저는 대학에 입학했을 때 글쓰기라는 큰 장벽을 제대로 넘지 못한 상태였습니다.

저는 또 한 가지 큰 결점을 안고 있었습니다. 그것은 영어입니다. 제 부모님은 두 분 다 영어 이중언어 사용자였습니다. 친할머니는 영국인이었고, 외할머니는 전쟁 중에 미국으로 피신했고, 어머니도 고등학교 시절을 미국에서 보냈습니다. 부모님은 어린 저에게 알리고 싶지 않은 이야기들은 영어로 얘기할 정도였습니다. 그래서 저는 영어에 큰 열등감을 느끼고 있었고, 제 영어 수준은 정말 시원찮았습니다. 대학에 입학했을 때까지만 해도 영어 수준은 아주 평범했습니다. 그래서 아버지께서 제게 케임브리지로 가라고 하신 겁니다. 하지만 거기서도 고생이 많았습니다. 저는 추리소설과 SF를 섭렵하면서 영어를 배우고, 영어로 논문을 썼습니다.

친구를 설득하듯이

글쓰기를 매우 싫어하던 사람이 어떻게 비교적 널리 읽히는 책을 쓸 수 있게 되었을까요? 케임브리지에서 논문을 제출한 후 저는 파리로 돌아왔지만, 박사논문의 주제를 케임브리지 대학이 승인하지 않았습니다. 그로부터 석 달에 걸친 협의 끝에 겨우 제목이 정해졌습니다. 그러나 그동안 저는 특별히 할 일이 없었습니다.

당시 제게는 알렉시라는 절친한 공산당원인 친구가 있었습니다. 논문을 쓸 무렵 저는 헝가리 여행을 거치면서 상당히 반공산주의적인 생각이 많아 알렉시에게 종종 짜증이 나고는 했습니다. 그런 가운데 유아사망률이 높아지고 있다는 그 숫자를 만나게 됩니다. 그래서 저는 여기서 알렉시를 제대로 설득하기 위해 제 생각을 적어보려고 결심했습니다. 이때는 서투른 영어에서 겨우 벗어난 뒤였는데 비로소 프랑스어라는 모국어로 쓸 수 있는 자유를 되찾은 것입니다. 그것은 일종의 해방으로, 프랑스어 쓰기가 너무 쉽게 느껴졌습니다.

드디어 프랑스어를 쓴다는 것이 그렇게까지 싫지는 않게 되었습니다. 케임브리지 덕분에 모국어와 화해할 수 있었다고도 말할 수 있을 것입니다. 제 문체는 매우 단순합니다. 쓰는 것 자체에서 기쁨을 찾을 수는 없지만 이제는 특별히 그것이 고생스럽지 않게 되었습니다.

일반적으로 프랑스어는 말하기와 쓰기의 차이가 큰 언어라고 생각하는데, 제 경우 쓰기의 스타일이 아주 간단한 나머지 말하기가 그저 완성된 문장을 읽는 것처럼 되어버립니다. 그러니 말하기와 쓰기의 차이가 그다지 존재하지 않습니다.

어쨌든 알렉시에게 쓰기 시작한 글의 부피가 점점 늘어났습니다. 그러고 나서 장을 구성하는 등 책의 꼴을 갖추며 보완해 나갔습니다. 그것은 아날학파의 원칙에 충실한 구성이었습니다. 이윽고 완성한 원고를 먼저 아버지께 보여드렸습니다. 흥미롭다고 생각한 아버지는 친구이자 저명한 작가였던 장 프랑수아 르벨J.-F.Revel에게 보여주었고, 그것을 읽은 르벨이 이번에는 로베르 라퐁Robert Laffont 출판사에서 저작을 내고 있던 막스 갈로M.Gallo에게 넘겨주어 출판을 하게 된 것입니다.

쓰면서 생각하지 않는다

집필 과정에 관해서라면 저는 연구자로 살아오면서 조금씩 변화해 왔다고 생각합니다. 지금은 그저 방해물일 뿐이지만, 지난날에 저는 집필을 하면서 사고의 틀을 갖추어 갔던 시기도 있었습니다. 지금은 그러지 않으니 그런 의미에서 제 방법 자체가 바뀌었다고 말할 수도 있습니다.

서장에서도 언급한 『신유럽 대전』을 집필하던 당시의 일입니다. 그 책은 500페이지가 넘는 대작인데, 아이디어를 형식화하는 것과 집필하는 작업이 거의 동시에 진행되었습니다. 그래서 한 챕터 분량을 쓰고 나서, 그것을 통째로 버린 적도 있습니다. 쓰면서 구상을 해나갔기에 일어난 참사였습니다. 결과적으로 모두 다시 쓰게 된 것이죠.

예전에는 앎을 체계화하는 것과 집필이 동시에 이루어지는 것이라고 생각했습니다. 처음 이끌어 낸 직감을 한층 더 구체화하는 작업을 집필 과정에서 진행한 것입니다. 그랬기에 글을 쓰는 데에 두려움이 많았지만 동시에 흥미진진한 일이기도 했습니다. 그러나 지금은 그렇게 하지 않습니다. 쓰면서 생각한다는 것은 거의 있을 수 없는 일이 되었습니다. 단순히 당시와 비교하자면 저는 나이를 먹었기 때문에 그런 것일지도 모릅니다.

방법으로서의 구술

쓴다는 작업에 대해 또 다른, 새로운 시도도 이야기해 보겠습니다. 우선 저는 머릿속에 내용이 확실하게 자리 잡지 않고서는 쓰지 않습니다. 쓴다는 행위가 제게는 머릿속에 잘 구축된 아이디어를 표출하는 작업입니다. 물론 쓰기를 통해 더 나아질 수도 있지만 제게는 상대적으로 쓰는 행위 자체는 그다지 중요하지 않습니다. 그래서 최근에 집필한 책들의 경우 물론 조사연구도 하고, 구성도 모두 머릿속에서 생각하지만, 정작 쓰는 작업은 한 챕터씩 구두로 이야기하여 친구들이 받아쓰도록 하고 있습니다. 이른바 구술Dictation이라는 방법입니다. 물론 기록된 원고는 다시 읽고 수정도 많이 합니다. 이번 책에 처음으로 이러한 방식을 취했는데 프랑스 사회구조의 발전에 대한 분석을 하면서 완전히 그리고 새로운 사회 모델을 제대로 제시하고 있습니다.

모든 것은 제 머릿속에서 완성될 것입니다. 왜냐하면 모델 자체는 대부분 매우 간단한 요소로 구성되어 있기 때문입니다. 구상을 메모나 카드로 정리하지도 않습니다. 제가 쓰는 법은 그야말로 고등학교에서 배우는 전통적인 조립 그 자체니까요. 신간은 『21세기 프랑스의 계급투쟁』이라는 제목인데, 이는 분명히 마르크스가 설파한 프랑스의 계급사회를 의식한 것입니다. 그래서 저도 마스트리흐트 조약 이후의 프랑스 사회의 발전을 설명하기 위해 마르크스주의적인 개념을 가지고 출발했습니다.

그렇지만 구술은 세미나나 발표회에서 이야기할 때와는 전혀 다릅니다. 우선 한 장 분량을 쓰기 위해 일주일에서 열흘 정도 조사를 하고 나서 그 내용을 구두로 전달했습니다. 그러고 나서 다음 장을 위한 데이터를 입력하고 그것을 바탕으로 다시 구두로 전달하는 식으로 차근차근 진행해 나갔습니다.

이 작업을 하는 동안은, 나의 능력이 쇠퇴하고 있는 것이 아닌가 하는 생각이 들기도 했습니다. 그러나 이야기를 하는 사이에 어쩌면 그 반대일지도 모른다고 결론을 내렸습니다. 옛날 같으면 생각을 구두로 전하고 그것을 직접 써 달라고 하는 구술적 방법은 무리였을 것입니다. 딸의 선생님이 말했던 것처럼, '생각하기'는 수작업입니다. 그건 틀림없습니다. 물론 예전에는 사고를 형상화하기 위해 쓰는 작업이 필요했지만 지금은 그렇지 않게 되었다는 것입니다.

체크리스트로서 장의 구성

시작하기 전에 이미 구성도 염두에 두고 있었습니다. 장의 구성도 표준적인 것을 따랐습니다. 제1부에서는 사회구조를 묘사하였습니다. 거기서는 의식하고 있는 것, 잠재의식의 수준에 있는 것, 그리고 무의식의 수준에 있는 것 등 평상시의 변수를 활용하고, 가장 먼저 경제부터 논의합니다. 그다음 교육, 가족, 인구, 그리고 종교까지 확장해 갑니다.

그리고 제2부에서는 1992년에서 2017년까지의 정치적 발전에 대해 고찰하고, '위기'라는 제목의 제3부에서는 마크롱의 당선, 노란 조끼 운동, 마크롱 지지자들의 반응, 또 유럽의회 의원 선거에 대해 언급했습니다. 이러한 책의 구성은 머릿속에서 처음부터 명확했습니다.

구성이 이렇게 명확하게 드러나는 까닭은 이 책이 사회에 정치적으로 개입하는 에세이의 일종이지 학술서가 아니기 때문입니다. 물론 사회학적인 관점에서 아주 중요한 것을 이야기하고는 있지만 글쓰기 작업이 빠짐으로써 데이터의 조사연구와 그것을 구체적으로 분석하는 작업을 한층 더 활달하게 할 수 있었습니다. 또 이야기를 하면 사람은 다소 자유로워집니다. 습관이나 여러 제약으로부터 해방되는 것입니다. 덕분에 이 책을 만들면서 새로운 관점을 시사할 수 있었고, 제가 그동안 사용해 온 가족구조의 불변성에 대한 가설 자체가 다소 낡은 틀이라는 것도 깨달았습니다.

이 모든 과정을 구두로 함으로써 효율적으로, 신속하게 진행할 수 있었던 것입니다. 물론 그 이면에는 지금까지 거의 반세기에 걸친 연구 인생이 있습니다. 즉 그 정도의 기간을 사고를 형상화하는 작업에 써 왔기 때문입니다. 물론 제가 화석화되어 버리는 일은 피해야겠지만 다른 한편으로는 이 작업 자체가 하나의 과정으로서 저라는 하드웨어에 담겨있는 상태라는 것도 사실입니다. 저는 이것 이상의 작업은 무엇도 할 수 없는 사람입니다.

이처럼 저의 경우 장의 구성은 매우 단순하기에 기본적으로 사회인구학적인 구조에 대한 분석부터 들어갑니다. 사회 발전에 관한 고찰을 할 때는 먼저 경제발전에 대한 설명부터 시작합니다. 그리고 사회 직업분류의 발전, 이어서 교육의 발전, 가족, 인구, 종교의 발전을 차례로 살펴보는 것입니다. 이러한 장의 구성은 파리정치대학 등 대학에서 배운 것을 그대로 사용한 것일 뿐입니다. 크게 말하면, 경제, 사회, 정치를 하나의 묶음으로 장을 구성하는 것입니다. 바칼로레아에서도 이렇게 논문을 쓰도록 배우고 있습니다. 조금 다른 점이 있다면 사회적인 측면보다 경제와 정치가 중요하다고 생각하는 점과 여기에 교육, 종교 그리고 가족구조를 덧붙인다는 점일 것입니다. 즉, 대략적으로 말하면 제가 어떤 사회의 발전을 파악하고 설명하는 방법은 사실 수집한 데이터를 기존의 축에 따라 분류하고 정리하는 아주 간단한 것입니다.

◆『21세기 프랑스의 계급투쟁』의 구성

　제게 있어 장을 구성하는 문제는 사고보다는 기술적인 문제입니다. 예를 들어 차량 검사를 생각해 보면 좋을 것입니다. 차량 검사를 위한 체크리스트가 있고, 기술자는 그에 따라 브레이크와 엔진을 순서대로 검사해 나갈 뿐, 생각에 잠기지는 않을 것입니다. 그것과 다를 바가 없습니다.

6. 출력

저의 체크리스트는 불평등과 그 진화, 생활수준의 발전, 출생률과 유아사망률의 변화, 사회 직업 분류의 발전 등입니다. 이러한 변수들을 대상에 따른 공간과 시간에 대입하는 것입니다. 이렇게 저의 체크리스트는 아주 평범한 것이지만 어쩌면 비교적 광범위하게 체크한다는 점에서 특수하다고 말할 수 있을지도 모릅니다. 그러나 작업 자체는 이미 정해진 경로라고 할 수 있습니다.

한편으로 지금 진행하고 있는 학술연구는 더 복잡합니다. 유전학에 관한 연구를 읽고, 나아가 분석된 뼈나 치아가 어디에서 온 사람들의 것인지에 대해 연구하는 작업은 새로운 연구기술을 포함하고 있어 이해하기도 힘들고, 그것을 어떻게 이용해야 하는지에 대해서도 많이 고민하게 됩니다. 이러한 새로운 연구기술의 경우 우선 익숙해지는 작업이 필요하고, 매우 지치는 일입니다. 그러니까 그에 비하면 프랑스 사회 혹은 미국이나 영국 사회 등의 발전에 관한, 체크리스트에 바탕을 둔 분석은 인터넷이 발전한 오늘날 제게는 한결 수월한 작업입니다.

어떤 친구의 부탁으로 지중해의 종교 교류에 관한 전시회 카탈로그에 글을 실은 적이 있습니다. 그 글을 읽은 친구가 토드의 기계가 다시 작동했구나, 라는 감상을 보내주었습니다. 저의 지적인 활동은 거의 본능적이고 자연스러운 일로 한번 분석을 시작하면 마치 기계처럼 진행되는 것입니다.

7

윤리
─────────────────────────
비판에 어떻게 대응할 것인가?

지금까지 제가 활용해 온 연구 방법을 소개하면서 제게 사고란 무엇인지, 사고를 작동시키기 위해서는 어떻게 하는 것이 좋은지에 대해 이야기했습니다. 그리고 자신의 생각을 표명한다는 것이 어떤 의미를 갖는지에 대해서도 제 나름의 생각을 정리했습니다. 사고를 작동시켜 아이디어의 꼴을 갖춰 사회에 내놓을 때 거기에는 여러 어려움이 기다리고 있습니다. 그 아이디어가 독창적일수록 역풍 또한 거센 것은 물론입니다. 그러한 비판에 어떤 태도를 취하는 것이 바람직할까요. 이러한 지적 태도를 둘러싼 문제에 대해 생각해 보는 것은 지성과 윤리의 관계성에 대해 재검토하는 것으로도 이어집니다.

학술계로부터의 반감

저의 경험을 돌이켜보면 마치 두 인생을 동시에 산 듯한 상황입니다. 세이유Éditions du Seuil나 갈리마르Librairie Gallimard 등 일류 출판사에서 책을 출간하는 학자이면서, 다른 한편으로는 아직도 학술계에서는 인정받지 못하고 있는 처지입니다. 프랑스의 지식인들이나 학술계 안에서 저의 입장은 대단히 불가사의한 것으로 설명하기가 조금 어렵습니다. 국외, 곧 미국의 경제학자나 네덜란드의 학술계에서 다소 인정받고 있지만 프랑스에서는 일부의 젊은 층을 제외하고는 제대로 인정받지 못하고 있습니다.

그러나 저의 사상과 가족구조에 관한 학설은 진실임이 명확합니다. 해석의 차이가 아니라, 진실이냐 거짓이냐 하는 차이가 있을 뿐입니다. 예를 들어 공동체 가족구조와 공산주의가 일치한다는 것은 특정 시기의 식자율이 높은 지역에서는 거의 절대적이라 할 수 있습니다. 어찌 됐든 지적인 정확성을 추구하는 사람이라면 적어도 이 학설을 검토해 볼 가치가 있음은 명백하다 할 것입니다.

왜냐하면 이 일치는 모든 지역에서 확인할 수 있기 때문입니다. 제가 만약 실수를 하나 범했다면 이 우연과 같은 일치를 제대로 형식화하기 위해 확률적인 테스트를 하지 않은 것 정도가 아닐까요? 만약 한다고 해도 오히려 너무 높은 결과로 그 값이 나올 것이라 생각하지만 말입니다. 물론 저 자신도

CNRS(프랑스 국립과학연구센터)의 높은 사람들이나 저널리스트들, 학술계의 사람들로부터 모욕을 당하는 것이 결코 기분 좋은 경험은 아니었고, 정신적으로도 강해져야만 했습니다.

하지만 그 속에서 살아남은 저는 다른 점에서 만족할 만한 결과를 남겼습니다. 예를 들어 '미래 학자'로서, 혹은 시스템에 항거하는 반체제파로 어느 정도 인식되고 있는 것입니다. 그런 가운데 가끔은 전국 방송의 텔레비전 프로그램에 불려 나가기도 합니다. 이것은 나이를 먹은 탓일지도 모릅니다만, 제대로 인정받지는 못해도 지식인으로서 어느 정도 책무는 하고 있다고 생각되는 부분이지요. 한국이나 일본에는 인간문화재(중요무형문화재 보유자)가 존재한다는 것을 알게 되었는데 그 정도는 아니더라도 프랑스의 문화계에서 공헌을 한 인물로 인지되고 있지 않을까 생각합니다.

많은 언어로 저작이 번역되는 등 개인적으로 만족할 만한 결과도 많이 있었기 때문에 어떻게든 뜻을 펼쳐낼 수 있었습니다. 러시아, 미국, 아랍 세계나 시라크 등의 인물에 대해 다양한 '예측'을 적중시켰기에 어느 정도는 사회적 이미지가 지켜지고 있는 것이라고 생각합니다. 그렇지만 그런데도 덧붙여 지식인이나 자신을 지식인이라고 생각하는 사람들이 저에 대해 가지는 반감은 길게 봤을 때 저에 대한 평가에 심대한 영향을 미치고 있다고 생각합니다.

사상이라는 편견

연구자로서의 저의 태도가 학술계와 부딪힌 예로 『제3의 행성』이 출판된 당시 일어난 일을 돌이켜 보겠습니다. 이 책은 가족구조를 유형화하고 그것이 경제와 이데올로기(사회의 상부구조)에 미치는 영향에 대해 논한 것이었습니다.

저는 도덕적으로나 학문적으로나 상당히 엄격한 교육을 받아왔습니다. 어머니의 교훈은 제대로 공부하고 현명하다면 노력은 보상받는다는 것이었습니다. 그래서 저는 『제3의 행성』을 써내고 그것이 출판되면 사상이 낳은 환상에서 해방시켰다는 이유로 많은 사람들로부터 칭송받을 것이라고 생각했습니다.

그 교정쇄를 읽은 프랑스의 저명한 역사가 피에르 쇼뉘P.Chaunu는 저를 점심 식사에 초대했습니다. 그리고 저를 보자마자 대뜸 이 책이 당신에게 많은 문제를 가져올 것이라고 말했습니다. 그 후 그는 프랑스의 우파 신문 〈르 피가로Le Figaro〉에 호의적인 서평을 써주었습니다. 그러나 당시 쇼뉘는 역사가일 뿐만 아니라 출생률 저하를 우려하는 반동적인 사상가로도 유명했습니다. 그는 사회적으로 우파적인 인물로 인식되고 있었던 것이죠. 그래서 쇼뉘의 축복을 받는다는 것은 일종의 저주를 의미하는 것이기도 했습니다. 프랑스 지식층은 좌파가 대다수이니까요. 게다가 프랑스라는 배경에서는 아무래도 '가족'이라는 단어가 페탱P.Pétain 원수가 이끄는 비시 정부의 표어

'근로, 가족, 조국'을 연상케 하기도 합니다. 그래서 좌파 신문 〈리베라시옹〉지에서는 혹평을 받았습니다.

한번은 TV 프로그램에 초대받았는데 쇼뉘, 르 루아 라뒤리도 초대받아 저를 변호해 주었지만 큰 위력은 없었습니다. 반대로 젊은 민족학자들이 저를 비판했고, 그 무렵 CNRS의 소장이었던 인류학자 모리스 고들리에M.Godelier는 제 책이 엉망이라고 말하기 위해서 일부러 프로그램에 나왔을 정도였습니다. 그런 가운데 대체 이 책이 무슨 일을 저질렀는지, 아직 젊었던 저는 이해하는 데 시간이 오래 걸렸습니다. 모든 곳에서 혼란스러운 논의가 일어났습니다. 우선 저는 우파라고 비난받았습니다. 개인적인 가족의 배경도 있지만, 원래 저는 공산당원이었고, 조부모도 공산당원이었습니다. 게다가 유대계이기도 했습니다. 그런데 우파로부터 칭찬을 받고 우파 인간으로 간주되었습니다. 정말 불가사의한 일이었습니다.

처음에는 고들리에가 왜 저를 그렇게까지 몰아세우는지 이해할 수 없었습니다. 문제의 본질과는 전혀 관계없는 것으로 비판을 받았기 때문입니다. 그런 가운데 밝혀진 것은 고들리에의 반응은 제가 그의 책을 혹평해서도, 부르주아 계급 출신이었기 때문도 아니라 사회적인 거부 반응이었다는 것이었습니다. 사회적인 거부가 대학이라는 장을 통해 표출된 것입니다.

이 저작에 자주 가해진 비판은, 거기서 나타나는 이론이 인간의 자유에 대한 모욕이라는 것이었습니다. 가족구조에 의해 결정되어 버린다는 생각 자체가 참을 수 없다는 것입니다. 이것은 매우 재미있는 지점입니다. 예컨대 프랑스에서는 참을 수 없는 사고방식도 일본에 가면 그렇지 않습니다. 프랑스나 프랑스 대학에서 거절당하는 것과 일본에서의 평가는 동전의 앞면과 뒷면과 같은 관계에 있다고 느끼는 것도 그런 것입니다.

자, 제게 일어난 일을 저의 가족구조에 관한 학설에 대입해 볼까요. 핵가족의 전통 속에서 일상생활을 하며 배워온 사람들의 머릿속에는 인간의 자유는 절대적이라는 가치관이 자리 잡고 있습니다. 그런데 직계가족 속에 살고 있는 사람들은 인간이란 자라난 환경, 가족으로 결정되어 있는 부분이 있다는 생각을 평소에 지니고 있습니다. 게다가 제가 말하고 싶은 것을 이해해 주던 사람들은, 프랑스의 서남부 직계가족의 전통이 남아있는 바스크 지방이나 툴루즈의 사람들이었습니다.

『제3의 행성』이 일으킨 논쟁 속에서 대학과 그곳에 속한 사람들은 제 학설이 인간의 자유를 모욕하는 것이라는 이유로 사실을 살펴보려고도 하지 않았습니다. 많은 사람이 비판을 쏟아냈지만 정작 데이터의 정확성에 관한 문제 제기는 하나도 없었습니다. 언론인들도 이런 생각이 잘못되었다는 등의 말을 했지만 데이터의 어떤 부분이 잘못되었다는 지적은 하지 않았습니다.

저에게 이 상황은 모순적인 것이었습니다. 사상계에 새로운 생각을 제시하고 사람들을 정신적으로 해방시킬 수 있을지도 모른다는 희망에 부풀어 있던 저는 매우 낙담했습니다. 저는 이 책의 출간을 통해서 위대한 연구자로 인정받기를 꿈꾸었는데 갈릴레오와 같은 상태에 빠진 것이죠. 분명히 제 생각은 대담한 것이었습니다. 그럴 수 있었던 것은 제가 사상적 입장에 대해 무의식적이거나 무관심했기 때문이겠죠.

동조 압력에 항거하다

사회과학 분야에서 경력을 쌓는, 즉 대학에서 훌륭한 연구자로 성장하는 과정은 학술적으로 중요한 발견을 했는지에 근거하는 것은 아닙니다. 이과는 어느 정도 그럴지도 모르지만 사회과학에서는 그렇지 않습니다. 사회과학으로 경력을 쌓기 위해서는 그 세계와 조화롭게, 또 자신들도 속해 있는 중산층 주류의 사상과 부합하는 사고방식을 제시하는 것이 중요합니다. 그러다 보면 차차 출세가 가능해지는 셈이죠. 무언가를 발견하거나 흥미로운 것을 말하는 것은 성공과 그다지 관계가 없습니다. 그래서 저는 이 지식인 세계가 진실에 대해 전혀 관심이 없다는 결론에 이르렀습니다.

한편으로 저는 결코 사교적인 사람이 아닙니다. 제가 조금 특수한 연구자가 되어버린 요인 중의 하나는 본질적으로 사교적이지 않다는 것도 있을 것입니다. 그래서 주위 환경과

조화를 이루려고 그다지 노력하지 않습니다.

프랑스적으로 'No'라고 말할 수 있는 것은 서민입니다. 노란 조끼 운동가들은 'No'라고 말했지만 인텔리(지식인)들은 그렇지 않습니다. 동조同調를 소중히 하는 일본인도 'No'라고 하는 것이 어려울지 모르지만 프랑스의 사회과학 분야에서도 비슷한 상황이 존재합니다. 역사학에서도 경제학에서도 이런 일이 일어났습니다. 이제는 저도 나이가 들었기에 사회와는 사이좋게 지내고 싶다고 생각하고 있습니다만, 무섭다는 생각이 들었습니다. 견해에 따라 제 연구는 인정될 수도 있는 것입니다. 저는 스스로가 비판적 정신이 뛰어나다고 생각하지 않습니다. 어긋난 곳에 길을 만들어 왔다고 하는 편이 적절하다고 생각합니다.

신간의 뒤표지에 나온 소개문에는 '도발적인'이라는 단어가 있습니다. 그런데 저는 도발하는 게 아니라 놀라게 만들고자 한 것입니다. 딱히 사람을 도발하고 싶은 생각은 없습니다. 그런데도 사람들은 저를 모든 사람이 하는 말과 반대되는 말만 하는 사람이라고 인식하고 있습니다. 하지만 그렇지 않습니다. 사고의 빈틈이 존재하는 곳에 아이디어를 밀어 넣은 것일 따름입니다.

분명 세상 모두가 공유하는 사상이라는 건 없습니다. 그러나 이 흔하디흔한 사상이란 제게 사상도, 사고도, 아무것도 아닌 것입니다. 존재하지 않는 것과 다를 바가 없습니다. 저의 태도는 누구와 대결하고자 하는 것이 아닙니다. 상대는 어디에도 존재하지 않기 때문입니다.

가치관의 싸움이 아닌 지성의 싸움을

미셸 비비오르카M.Wieviorka라는 사회학자가 있습니다. 저를 까닭 없이 싫어했는데, 아마도 샤를리 때부터인 듯합니다. 그리고 그와 저의 도덕적인 가치관이 다르다는 이유로 저를 거절하는 것이라고 추측하고 있습니다. 아마 그가 보기에 저는 너무 심술궂어서 같은 가치관을 공유할 수 없는 인물인 것 같습니다. 이것은 그의 관점입니다. 그렇다면 저는 그를 어떻게 생각할까요? 그의 인품이 어떤지는 알 수 없지만, 저는 단순히 학자로서 구차하다고 생각할 뿐입니다. 그런 의미에서 저의 관점과 그의 관점은 전혀 다른 차원에 있는 것입니다. 그의 연구는 우리 사회에 아무런 이득을 가져다주지 못할 것이라고 생각할 뿐입니다. 이런 생각들을 공공연히 말한 적은 없습니다만 요컨대 가치관의 대립은 지나치게 안이합니다.

연구자끼리는 가치관의 대립 때문에 다투어서는 안 됩니다. 예를 들어 체스에서는 가치관이 아니라 어느 쪽이 우수한지를 겨루게 됩니다. 거기엔 우연 같은 것이 없습니다. 그저 지성을 두고 싸우는 것입니다. 때문에 저는 동종 학계의 연구자들과 가치관의 대립을 두고 싸움에 빠져서는 안 된다고 굳게 믿고 있습니다. 만약 누군가와 대결한다면 가치관이 어떠

7. 윤리

한가가 아니라 그 연구가 좋냐 나쁘냐로 싸워야 합니다. 이렇게 싸우는 것이 사실 몇 배나 격렬한 것입니다.

물론 저도 가치관은 있습니다만 그것에 대해 주절주절 이야기하는 사람은 괴이쩍다고 생각해 버립니다. 정치가가 가치관을 문제 삼기 시작하면 사실 금전 스캔들에 휘말리기 마련입니다. 연구자로서의 유일한 가치관은 진실 탐구가 되어야 합니다.

학자로서의 나, 시민으로서의 나

저는 스스로를 학자라고 생각하고 있습니다. 그리고 가장 중요하게 생각하는 것은 오류가 없는 것이 아니라 오류를 가장 먼저 발견하고 그것을 말하는 것이라 믿고 있습니다. 그래서 저는 가족 시스템의 정의와 관련한 제 연구에서 오류가 있다면 즉시 그것을 정정하고 수정할 것입니다.

저는 제 학설을 튼튼하게 확립하는 일보다 언제나 본능에 따라 생각해 왔습니다. 그렇지만 제게 연구는 어느새 자연스러운 일이 되어버렸습니다. 저는 애국심이 넘치는 프랑스인이고, 사회적으로나 개인적으로나 좋은 점과 나쁜 점을 모두 안고 있는 어쩔 수 없는 프랑스인입니다.

그렇기에 제가 정치 토론장에 나와서 이야기를 시작하면 모두가 놀라는 것이겠지요. 모두가 소련이 세계를 좌지우지하고 있다고 생각하던 때에 갑자기 소련이 붕괴할 거라 말했기 때문입니다. 그밖에도 누구나 시라크는 당선되지 않을 것이라고 생각하고 있을 때 그가 당선될 것이라 말하기도 했습니다. 데이터를 보면 알 수 있다고 말입니다. 가족구조와 사상의 상관성을 발표했을 때에도 반응은 아주 나빴습니다.

저와 같은 식으로 말하는 인물을 오만하다고 하는 것은 부조리합니다. 사람들은 이렇게 말합니다. "우리가 어떤 사람이라고 이러쿵저러쿵 말하다니 주제넘은 놈이군!"이라든가 "도대체 뭘 하자는 건지!"라고. 사람들은 제가 프랑스 사회를 공격하고 있다고 생각하는 것 같지만, 사실은 그렇지 않습니다. 저는 바깥에 있고, 바깥에서 발언했을 뿐입니다.

이것은 제 가족으로부터 물려받은 진실에 대한 윤리관이라고도 부를 수 있을 것입니다. 저의 가계는 지적 정당성을 가지기 위해 문화적 억압에 저항할 수 있는 사람들이었습니다.

저는 누군가가 말했던 것처럼 부르주아 지식인이라고 하기는 어렵습니다. 제 수입에 관해 굳이 말하고 싶지는 않지만 그저 프랑스인의 평균치 정도일 뿐입니다.

물론 저의 집안에는 지식인이라 할 만한 사람들이 있습니다. 그리고 이 가족으로부터 물려받은 사고방식, 기질이라 할 만한 것은 스스로 생각할 권리입니다. 예를 들어 작가 장 주네 J.Genet(프랑스의 소설가, 극작가, 시인. 『도둑 일기』로 잘 알려져 있다)가 집에 식사를 하러 왔을 때였습니다. 그가 돌아가자 제 어머니는 "이런 멍청이 같으니"라고 말했습니다. 이처럼 부모님이 롤랑

바르트R.Barthes나 부르디외 같은 사람들을 놀려대던 것을 어린 시절부터 기억하고 있습니다.

이렇듯 제 속에는 애국심이 넘치는 시민으로서의 저와 어딘지 알 수 없는 곳을 떠다니는 학자로서의 제가 존재합니다. 샤를리에 관해 글을 썼던 당시는 이 두 가지로 분리되었던 제가 하나로 통합되었습니다. 『샤를리는 누구인가?』에서 한편으로 저는 지도나 데이터를 가져와서 샤를리 운동이 좋은 사람들이 모여 하는 것이 아니며, 외국인 혐오와 겹치고 있다고 말했습니다. 또 다른 한편으로 시민으로서의 저는 분노로 가득 차 있었습니다. 이슬람교도를 한층 유연하게 수용하고, 위대한 프랑스를 유지해야 한다고 생각했기 때문입니다. 그래서 이 책을 통해 저는 두 가지 분리된 제가 하나로 통합되었다고 말할 수 있는 것입니다. 결과적으로 사회의 반응은 아주 지독했고, 급기야 병에 걸리고 말았습니다. 그런 결과로 미루어 보아도 이 두 가지 '저'는 분리하는 편이 좋다고 지금은 생각하고 있습니다. 그러나 그때는 정말이지 분노가 넘쳤습니다. 프랑스어로 강한 분노를 느끼고 있는 상태를 "Hors de Moi(이성을 잃는 것. 직역하면 '자신의 바깥에 있다')"라고 표현하는데 제가 그 상태였습니다.

연구 결과에 충실하라

이것은 제가 『신유럽 대전』을 썼을 때를 생각나게 합니다. 『제3의 행성』에 대한 학술계의 비판에 대한 응답이기도 한 책입니다. 물론 이 책을 혼자서 쓴 것은 아닙니다. 세이유 출판사의 편집장이었던 장 클로드 기유보J.Guillebaud 등의 도움을 받아 7년 가까운 시간에 걸쳐 마무리한 후 1990년에 간행되었습니다. 그리고—이것 또한 불가사의한 운명인 것 같습니다만—마침 그 무렵, 바로 소련의 붕괴, 그리고 공산권의 붕괴가 일어나고 있었습니다. 그런 가운데 유럽이라는 이상향이 살아나고 있었던 것입니다. 이후 마스트리흐트 조약이 체결되어 공통 통화의 개념이 출현하게 되었습니다.

『신유럽 대전』은 유럽의 다양성을 표현한 작품입니다. 학술계에서는 변함없이 무시된 저술이었지만 정치나 저널리즘의 세계에서는 대환영을 받았습니다. 예를 들어 유럽을 위해 일한 시몬 베유S.Weil(1927~2017년. 프랑스의 정치가, 유럽의회 의장 등을 역임)는 이 책을 훌륭하다고 평했고, 사람들은 이 책을 유럽의 다양성을 이해하기 위한 좋은 문헌으로 읽었습니다. 그 무렵은 브뤼셀의 유럽 기관에서 일하는 사람들을 위한 콘퍼런스에 자주 불려 다니고 있었습니다. 그런 이유로 수년간은 연구자로서 행복한 나날을 보낼 수 있었습니다. 학술계에서는 계속 외면했지만 그런 사람들보다 몇 배나 재미있는 사람들로부터 인정받았으니까요.

하지만 이때 전해진 평가 또한 오래가지는 않았습니다. 전환점이 된 것은 바로 마스트리흐트 조약입니다. 마침 저는 이민 문제에 대한 연구를 시작하고 있었습니다. 그러던 중 프랑스의 알제리 이민자를 부모로 둔 딸들이 이교도와 결혼하는 비율이 비교적 높다는 데이터를 찾아낼 수 있었습니다. 동시에 독일에서의 투르크 이민자의 딸들이 이교도와 결혼하는 비율은 매우 낮고 영국 파키스탄 이민자의 딸들은 그 비율이 아주 높기도 했습니다. 여기서 제가 이해한 것은 가족구조로 인한 영향이 옛날 전통적인 의미에서 농민층의 가족구조가 소멸된 후에도 사회에 계속 작용하고 있다는 사실이었습니다.

저는 학자지만 사회에 살고 있습니다. 사회가 작동하는 방식에 대해 아는 것이 있고, 어떤 일은 가능해도 또 어떤 일은 불가능하다는 것도 알고 있습니다. 왜냐하면 제가 구축한 모델이 잘 기능하고 있기 때문입니다. 그래서 프랑스에서는 이교도 간의 결혼율이 높은 것을 근거로 하여, 프랑스는(그 당시에 떠들썩했던 것처럼) 차별주의적이지 않다고 말할 수 있었습니다.

그와 동시에 저는 연구자로서 그리고 한 시민으로서 이 통화 통합이 잘 이루어지지 않을 것이라고 생각했습니다. 그래서 마스트리흐트 조약에 관해 국민투표를 할 때 반대표를 던졌습니다. 과학적인 검토를 거쳐 저는 반대표를 던졌지만, 물론 이 연구가 다른 결과를 보였다면 찬성표를 던졌을 것입니다. 어쨌든 연구자로서의 저의 태도가 다시 나를 둘러싼 사람들과의 대립을 낳았습니다. 나를 둘러싼 사람들이란 이른바 지식인이나 사회적으로 상층부에 있으면서 관리직에 몸담고 있는 사람들로, 그들 대부분은 마스트리흐트 조약에 찬성했습니다.

그리고 시간은 흘러 어느덧 2020년. 오늘날 프랑스는 자국 산업의 많은 부분을 잃어버렸고, 1992년에 제가 예측했던 것은 들어맞았다고 해도 과언이 아닐 것입니다. 제가 구축한 모델의 유효성이 여기서 다시 증명된 것입니다.

이렇게 연구 성과에 충실한 것, 그리고 그것을 확신하고 시민으로서 행동하는 것이 때때로 비판을 초래하기도 합니다. 하지만 저는 학자로서 제 연구에 확고한 자신감을 갖고 있습니다. 연구 성과에 대해서도 마찬가지입니다. 이에 반대하는 의견을 표명할 수도 없는 상황에서 연구가 옳은지 어떤지는 역사가 증명해 줄 것입니다.

판에 박힌 지성

이와 관련해 지적해 두고 싶은 것은 대학의 기능이 변화하고 있다는 것입니다. 그리고 이 변화가 사고를 기르는 과정에 큰 영향을 미치고 있다는 사실입니다. 지금까지 대학은 정신의 해방, 지식에의 접근을 가능하게 해주는 장이었습니다. 그러나 오늘날 대학 졸업 자격증은 그 후 얼마나 벌 수 있을까 하는 제비뽑기의 참가권을 얻기 위한 것이 되어버렸습니다. 그런 가운데 대학에서 배운 것은 전혀 도움이 되지 않는 것입니다.

물론 저 스스로도 대학에서 생산해 준 일에 의존하고 있습니다. 제가 사용하는 데이터의 상당수는 대학 기관이 발표한 것입니다. 하지만 오늘날의 대학은 얼마나 힘들게 공부하고 있는지를 확인하고 순응주의를 창출하는 곳이 되었습니다.

그리고 거기에 잘 적응할 수 있었던 사람들이 대량으로 사회에 배출되고, 그들은 서로를 감시하고 있습니다. 프랑스 사회에서는 중산층을 선별하는 곳이 바로 대학입니다. 그러나 대학에 가지 않는 이 사회의 3분의 2 정도의 사람들 중에서도 머리가 좋은 사람들이 있다는 것이 그나마 다행입니다. 그들을 똑똑하다고 말하는 것은 사고방식이 자유롭기 때문이며, 해방되어 있기 때문입니다. 대학에서는 지성이 형식화되어 있습니다. 오늘의 대학은 어떤 진로를 가야 할지를 학생들에게 가르쳐 주는 것뿐이니까요. 대학은 분명 사고하는 방법을 가르쳐 주지만 동시에 자유로운 사고를 가로막기도 합니다.

예를 들어 인생이나 세상이 본질적으로 불완전하다는 것을 원래부터 알고 있다면 불안해할 것도 없을 것입니다. 그러나 사회의 목적을 사람들이 모두 자유롭고 지성이 넘치고, 어떤 것이든 누구나 다 배울 수 있는 시스템을 구축하는 것으로 설정해 버리면 지금의 상황은 불안할 뿐입니다. 인생이란 학습과 어느 정도의 자유, 조금의 성공을 위해 흥정하는 것이라고 한다면 그럭저럭해 나갈 수 있을 것 같은 기분이 들 것입니다. 그런 의미에서 지금은 좋은 시대라고 말하기 어렵겠군요.

일본에서도 교육이 사람들을 형식화하는 것에 비판이 일어나고 있다고 생각합니다. 윗사람을 공경하는 것을 토대로 한 규율 바른 문화에 근거하는 일본 문화에서 발생하는 문제는, 규율에 대한 압력으로부터 지성의 자유를 어떻게 지키는가 하는 것이라고 생각합니다. 그것은 지적인 분야에서의 자유도 그렇고, 결단을 해야하는 경우에도 볼 수 있습니다.

영화 〈신 고질라〉에서도 누가 책임지고 결단하느냐가 골자였습니다. 하지만 이것은 일본의 '문화적 측면'입니다. 다른 한편으로 강조해 두고 싶은 것은 프랑스나 영국과 같은 원래 개인주의적인 문화가 있는 나라들도 이런 종류의 순응주의 메커니즘이 대두하고 있다는 것입니다. 개인주의 사회에서도 비슷한 문제가 발생하고 있지요.

예전에는 가톨릭이나 공산주의 등에 의한 도덕적 틀이 개인을 묶어두고 자유롭게 사고하는 것을 방해한다고 생각했습니다. 그러나 이러한 큰 사상적 틀의 붕괴는 사고할 자유를 바꿀 만한 것은 아니었습니다. 도덕적인 구조 붕괴의 결과로 나타난 것은 개인이 얼마나 작고 외로운가 하는 것이었습니다. 개인들이 서로를 따라 하며, 서로를 감시하고 있는 것이 지금입니다. 이런 세계가 '정치적 올바름'을 탄생시켰습니다.

저는 〈르 몽드〉지에서 1970년대 후반부터 80년대 초반에 걸쳐 서평을 담당했습니다. 그것을 되돌아보면 당시에는 얼마

나 자유로웠는지 깨닫게 됩니다. 이젠 여성에 대한 농담도 해
선 안 됩니다. 다양한 것들이 말할 수 없게 되었습니다. 제가
젊었을 때는 공산주의에 경도하는 등 젊은이들이 다양한 사상
에 물들어 있는 시대로, 어쨌든 개인은 틀에 얽매여 있었습니
다. 그런데 지금은 그런 틀이 없습니다. 그래서 저는 무엇을
쓰는 것이 좋을지 혹은 나쁠지 항상 신경을 곤두세우고 있는
상태입니다.

여기서 저는 사회에 여러 복수의 교회가 필요하다는 결론
에 이르렀습니다. 개인을 속박하는 틀이 여러 개 있으면 개인
이 강제적인 틀과 절충을 하여 개인의 설 자리를 확보할 수 있
기 때문입니다.

복수의 자아

서양의 개인주의는 모든 것이 개인 위주로 시작합니다.
개인 안에는 모든 것을 통제하는 단 하나의 자아가 존재한다
는 상정이 개인주의적 문화의 기반에 놓여 있습니다. 그와 대
조적인 것이 이러한 자아의 존재가 원래 환상이라고 생각하는
불교적인 사고방식이라고 생각합니다. 불교에서는 '나'나 자
기의 존재를 명확하게 부정하고 있습니다.

저는 이런 '나'에 상당한 관심을 가지고 있습니다. 그리고
저는 양쪽의 중간에 속하는 사고방식에 자리 잡고 있습니다.
아마 여러 명의 제가 있겠지요. 저는 철학적으로 '나'의 존재를

부정하는 입장은 아니지만 '나'가 여럿 있다는 지론을 가지고 있습니다. 연구자로서의 나, 프랑스인으로서의 나, 네 아이의 아버지로서의 나 등과 같이 말입니다.

예를 들어 앞서 말한 것처럼, 시민으로서 저의 태도와 연구자 혹은 학자로서의 태도 사이의 괴리는, 개인주의적 문화의 기반으로 여기는 자아의 존재 방식을 단적으로 그려내고 있다고 생각합니다. 그렇다고 저라는 인간이 어딘가 둥둥 떠다니면서 사고하고 있는 것만은 아닙니다. 제가 하는 일의 대부분은 다른 사람의 일에 경의를 표하고, 책을 읽으면서 배우는 것, 거기에서 법칙을 발견하는 것, 복잡한 학술서를 쓰는 것입니다. 그것을 하는 인간이 지금 여기에 있는 인간과 같은 인물입니다.

제가 얘기한 내용은 어쩐지 매드 사이언티스트mad scientist의 이미지와 겹쳐집니다. 매드 사이언티스트는 세상으로부터 조금 벗어난 곳에 있는 인물로 그려지곤 합니다. 프랑스에서 유명한 방드 데시네Bande dessinée(만화—옮긴이)인 『코시누스 교수의 고정관념L'Idée fixe du savant Cosinus』에 등장하는 인물처럼 말입니다.

이는 특별히 별난 말이 아닙니다. 이 매드 사이언티스트의 이미지는 일반적으로 이과 과학자에 해당하는 경우가 많습니다만 사회과학에서도 똑같이 해당된다고 생각합니다. 이러한 과학자 이미지는 사회과학을 연구하는 사람으로서도 있을 수 있습니다. 저는 늘 자연과학을 연구하는 것처럼 역사학이나 사회학을 하고 싶어 했으니까요.

최악의 사태를 예측할 수 없는 이유

저의 업적 전반이 사후死後에 어떻게 될지를 두고 내기를 한다면 저는 잊힌다는 쪽에 걸겠습니다. 지금 사회의 상태를 보면 사람들은 자신들에 관한 진리를 알고 싶다고는 생각하지 않는 것처럼 보이기 때문입니다. 그리고 저는 이러한 사람들을 잘 설득하는 데 실패해 왔다고도 말할 수 있습니다. 제가 가장 자랑스럽게 여기는 것은 『경제 환상』에서 엘리트의 거절에 대해 쓴 것입니다. 그곳에서는 경제면에서, 특히 유로에 관해서 엘리트가 이성을 잃고 있는 듯한 상태에 있는 이유가 무엇인지 물었습니다. 이 상태를 원래 자연스럽지 않은 이상한 현상으로 생각해 버리면, 프랑스의 엘리트들이 왜 진실을 보려고 하지 않는지 이해하기가 어렵습니다. 그러나 인류의 긴 역사를 살펴봅시다. 그러면 동물로서 비교적 성공해 온 인간이 이성을 잃는다는 것은 자연스러움 이상으로, 오히려 필요불가결한 일이라는 것이 보입니다.

인간은 죽음을 아는 동물입니다. 그렇기에 인간으로서 편안하게 살아가기 위해서는 이 점을 잊을 필요가 있습니다. 눈 감아 줄 필요가 있는 것이죠. 그래서 인간을 구성하고 있는 유전자 속에, 생물학적으로도 생리학적으로도 이성을 잃는다는 기능이 하위 프로그램으로서 포함되어 있다고 생각합니다. 종교보다 더 심오한 부분의 이야기입니다. 어쨌든 죽음에 대해서는 생각하지 말아야 합니다.

이것을 전제로 한 후에, 생각을 한층 더 진행시켜 봅시다. 그러면 인간이란 무언가 매우 불온한 사항에 접했을 때 거기서 눈을 돌리는 능력을 갖추고 있음을 깨닫습니다. 최악의 사태를 예측하지 못하게 되어 있는 것입니다. 어느 사회든 공통되는 점입니다. 히틀러를 생각해도 그렇고, 역사적으로도 인간이 최악의 사태를 예측하지 않으려는 능력을 가지고 있다는 것은 증명되고 있는 것입니다. 그러니까 인간이 자연계가 아닌, 자신들의 사회에 대해 고찰을 진행했을 때 그 궁극의 목적은 진실을 찾는 것에 있지 않습니다. 본질을 잊는다는 점에 있습니다.

비판을 받는다는 특권

그렇다면 사회가 절 격렬하게 거절했다는 것은 무엇을 의미할까요? 한 사회가 싫어하는 것에 가장 쉽게 대처할 수 있는 방법은 무시하는 것입니다. 또한 연구에 대한 반응은 세 단계가 있습니다. 무시, 심한 반발, 수용입니다. 저는 사회로부터 크게 반발을 받았는데 그것은 어떤 의미에서 사람들이 제 연구에 반응했다는 것이기도 합니다. 그것은 그것대로 의미가 있다고 저는 생각합니다.

격렬한 비판은 오히려 특권적인 측면조차 있는 것입니다. 제 첫째 딸은 4년이나 저를 무시했던 기간이 있습니다. 그러던 어느 날 제가 문자를 보내자 심한 욕설이 돌아왔습니다. 그때 저는 생각했습니다. 반응이 있다는 건 좋은 거라고. 그리고 얼마 지나지 않아 저는 그 아이와 화해할 수 있었습니다.

사회를 과학적으로 탐구하는 것을 끝까지 파고들어 생각한다면 이러한 것에 입각해 둘 필요가 있으며, 자신의 연구가 사회로부터 비판받는 것을 두려워해서는 안 됩니다. 사회를 화나게 했다는 것은, 그 연구가 사람들이 생각하지 않으려 하는 사회에 대한 본질을 파악했다는 것이고, 그것이 무엇보다 중요하니까요. 연구자로서의 윤리 같은 거창한 이야기를 하려는 생각은 없지만 학자로서, 그리고 동시에 한 시민으로서 저는 계속 이렇게 해왔습니다.

8

미래

예측은 예술적인 행위다

마지막으로 지금까지의 논의를 되돌아보는 사례로 2020년 5월 현재 진행 중인 사태, 즉 신형 코로나바이러스의 대유행을 생각해 봅시다. 우선 이를 저는 매우 슬픈 사태라고 생각하고 있습니다. 제 나이는 69세를 향하고 있고, 고위험군에 속해 있습니다. 또한 제 연구의 측면에서는 항상 사망률이라는 지표가 다른 지표보다 근본적으로 현실을 밝힌다고 생각해 왔습니다. 항상 이런 생각을 가지고 연구를 해왔습니다.

소련권의 붕괴에 대해 쓴 『최후의 전락』 때도 그랬습니다. 경제적 지표는 일단 옆으로 밀어두고 유아사망률에 주목한 것입니다. 당시 사람들은 소비에트 연방의 힘이 강해지고 있다며 무작정 달아오르고 있었지만 저는 유아사망률을 보면 이것은 지속되지 않을 것이라고 말했습니다.

그리고 2002년에 『제국 이후』를 썼을 때 그 당시 사람들은 오로지 미국의 하이퍼파워Hyperpower(극초강대국—옮긴이)에 대해 열렬히 말했습니다. 하지만 저는 유아사망률을 보라고 했습니다. 사실 당시 미국은 유아사망률이 낮은 것으로 보면 세계 17위에 불과했습니다. 이런 점 때문에 저는 이른바 표준적인 경제지표, 예를 들어 인구당 GDP 같은 것을 사용하는 것에 전반적으로 위화감을 가지고 있습니다.

사실은 케인스 본인도 거시경제에서 파생하고 있는 경제지표를 별로 좋아하지 않았습니다. 하지만 그는 이 점을 깊이 파고들지 못하고 사망해 버렸습니다. 어쨌든 그도 이 오합지졸의 지표를 경계하고 있었던 것입니다. 단지 이 지표라고 하는 것은, 전차나 자동차, 냉장고, 세탁기 등의 생산을 쌓아 올리는 동안, 결과적으로는 어느 정도의 진실성을 띤 것이 되어 있었습니다. 왜냐하면 그 당시에는 아직 상품 가격이 비용에 입각해 설정되는 흐름 자체가 비교적 이치에 닿는 것이었기 때문입니다.

한편, 서비스의 경제화가 진행되면 가치의 비물질화가 일어납니다. 예를 들어 변호사가 상상을 초월하는 고액을 수임료로 요구하면, 그것도 GDP에 카운트되는 등의 일로도 알 수 있습니다. 사소한 진찰에 고액을 지불하게 되는 것도 마찬가지라고 생각합니다. 이것도 결국 GDP에 들어갈 것입니다. 프로축구산업의 수익은 GDP에 들어가지만 그 액수의 돈이 스타

선수들의 월급으로 흘러갑니다. 이렇게 보면 이제 GDP가 무슨 이야기를 하고 있는지 알 수 없게 됩니다.

바이러스가 명확하게 보여주는 것

그런 가운데 신형 코로나바이러스가 유행해, 죽음이 다가왔습니다. 그에 따라 이 시스템은 더 이상 작동하지 않게 되었습니다. 제 연구 대상인 선진국들에 한해서이지만 어느 나라든 이 바이러스의 공격에 계속해서 대응을 강요당했습니다.

그리고 무엇이 보이기 시작했을까요? 바로 경제지표를 제거한 현실입니다. 이것은 어떻게 보면 비극이지만 연구자로서는 꿈같은 상황이라고도 할 수 있습니다. 연구라는 의미에서 현 시점에 문제가 있다면 코로나바이러스가 현재진행형이고, 또 여러 나라를 휩쓸고 지나간 시간적인 부분도 어긋나 있기 때문에 최종적인 데이터는 아직 없다는 점입니다.

그래도 우선, 이번 5월 단계에서 저는 엑셀로 표를 만들기 시작했습니다. 이 표는 10만 명당 인구사망률을 다양한 함수와 연결시키는 것입니다. 이용하고 있는 함수로는 공업화에 관한 것이나 유아사망률 등 인구학적인 함수가 있습니다. GDP에 의해 계산되는 생활수준도 그중 하나입니다. 또한 인류학적인 함수로서는 가족구조나 남성, 여성의 지위 등이 있습니다. 이를 통해 스캔한 듯한 형태로 선진국 사회를 그려낼 수 있을 것입니다.

8. 미래

그 작업은 아직 완료되지 않았지만, 이미 결과는 어느 정도 보이기 시작했습니다. 신형 코로나바이러스가 많은 사람을 죽음에 이르게 했을 뿐만 아니라, 그것을 관통하는 해결의 실마리도 보여주고 있습니다.

첫 번째로 글로벌화로 인해 만들어진 사회의 상층부에 있는 사람들에게도 바이러스는 덮쳤습니다. 그리고 바이러스는 생산의 거의 전부를 중국에서 조달하고 있는 서양 사회의 공업지대에 도래합니다. 이른바 '블루 바나나Blue banana'라고 불리는, 유럽에서도 특히 발전하고 있는 지역, 북이탈리아로부터 벨기에를 지나 런던에 이르는 지대를 덮쳤습니다. 다음이 뉴욕이었습니다. 때문에 한때는 이 병이 사회의 상층부를 덮치고 있다는 견해도 생겼습니다.

그러나 그 후 사회의 하층부에 있는 사람들을 덮치기 시작했습니다. 바이러스는 마치 그림을 그리는 것처럼, 마치 스캔을 진행하듯 퍼져나갔습니다. 지리적인 그리고 사회적인 그 길목으로부터, 바이러스가 진짜 세계를 파헤쳐 가는 듯한 모습이었습니다. 고령자들은 더욱 피해를 보기 시작했습니다.

그런데 프랑스에서는 마스트리흐트 조약 시대부터 좌우간 경제정책의 실패를 감추는 것이 정부의 한 기능처럼 되었고, 정부는 거짓말하는 데 익숙해져 있습니다. 물론 이번에도 진실을 숨기려고 했지만 더는 숨길 수 없는 상태가 되어가고 있습니다. 죽음과 함께 조금씩 진실이 드러나기 시작한 것입니다.

진실은 언젠가 반드시 밝혀지기 마련입니다. 소련 시절 러시아인들이 유아사망률을 감추지 못했던 것과 마찬가지입니다. 죽음은 은폐할 수 없습니다. 만약 죽은 사람을 숨겼다고 해도, 그 후 그 사람이 없다면 앞뒤가 맞지 않게 되어버리니까요. 그것은 마치 통계학적인 최후의 심판과 같습니다.

반면 영국인이나 미국인은 이 사태에 대해 처음부터 정직한 태도를 보였습니다. 예컨대 영국에서는 중환자실에 들어간 환자의 50%가 사망한다고 바로 발표했습니다. 그러나 프랑스에서는 처음엔 그 90%가 살아난다는 숫자를 발표했으나 점차 60~70%로 변경되어 갔습니다.

그리고 고령자. 프랑스에서는 이 전염병 사망자의 80%가 75세 이상입니다.

즉 보편적으로 모든 사람을 똑같이 덮치는 병이 아니라는 것을 의미합니다. 고령자는 특히 이 바이러스에 약하지만 그것도 모든 고령자는 아니었습니다. 사회계급마다, 그 생활수준에 따라 죽음에 대한 리스크에 차이가 있다는 것이 명확해졌기 때문입니다. 이렇게 바이러스는 사회의 불평등도 스캔해서 보여준 것입니다. 예를 들어 미국에서는 흑인이 백인보다 2배의 피해를 보고 있다는 것에서도 불평등을 알 수 있습니다. 또 프랑스에서 가장 빈곤율이 높은 센생드니주Seine-Saint-Denis와 경제면에서 큰 타격을 받아온 북동부 지역은 다른 지역보다 피해가 크다는 것으로도 설명이 되는 셈이죠.

가족구조와의 관계성

이제부터 명확해질 사실은 이 바이러스의 영향이 문화권에 따라 다르다는 점입니다. 물론 그 나라의 문화는 가족구조로 연결되어 있습니다. 예를 들어 산업을 자국에 남겨둔 나라, 독일이나 일본, 중국이나 한국 같은 나라들은 세계화의 흐름에서 자국의 산업을 처분한 프랑스나 영국 등의 나라보다도 적어도, 현시점에는 이 상황을 비교적 잘 극복하고 있는 것처럼 보입니다. 반면 프랑스는 인공호흡기, 마스크, 약 등의 생산이 따라주지 못해 후진국처럼 되어버렸습니다.

이 바이러스가 밝힌 것 중 하나는, 세계화가 사회 발전의 단순한 단계가 아니었다는 것입니다. 다시 말해 그것은 비열한 금융의 의도이며, 서양 사회의 일부를 후진국 상태로 만들어 버렸습니다. 자국에 생산 체인을 보유한 국가들은 독일과 오스트리아, 일본, 한국, 즉 직계가족이 중심이 되는 국가들입니다. 저에게 그 사실은 슬프게도 멋진 일입니다. 그리고 가장 피해가 컸던 나라들을 살펴보면, 프랑스는 독일보다 이탈리아와 스페인에 가까운 상황입니다. 또한 놀라운 것은 인구 10만 명당 사망자 수에서 영국이 프랑스를 앞질러 버렸다는 점입니다. 미국에 대해서는 앞으로 여러 가지를 알게 되리라 생각합니다.

다만 저는 이 사태를 보고, 아버지의 권위가 강한 권위주의 사회가 승리했다고는 전혀 말하지 않았습니다. 개인주의의 나라인 프랑스, 영국, 미국 등은 여성이 자유롭고, 일할 수 있으며, 아이도 낳을 수 있는 상황입니다. 그리고 이들 국가의 출생률 증가가 독일과 일본 사회보다 우위에 있는 점으로서 큰 역할을 할 것이기 때문입니다.

엄밀한 의미에서 핵가족이며, 페미니즘적인 서구 사회의 높은 출생률이라는 장점은 노인층에서의 사망자 수 증가보다 더 중요하리라 생각하기 때문입니다. 물론 고령자를 소중히 한다는 가치관은 훌륭한 면도 있지만 인간 사회의 운명은 생산을 하고, 젊은이들을 길러내는 것이 참으로 중요하다고 생각합니다. 사람들에게 상처를 주고자 하는 말은 아닙니다. 저 역시 노년층에 속해 있지만 저는 이렇게 생각합니다.

현실에는 복종하라

저의 방법론으로서, 생각이라는 행위에 관해서는 완전히 경험주의적 태도를 견지하고 있습니다. 따라서 선험적인 것은 전혀 없습니다. 그래서 코로나바이러스가 유행하기 시작하면서 저는 중간에 생각을 바꿨습니다. 주간지 〈렉스프레스L'Express〉가 제일 먼저 제게 계급투쟁과 코로나에 대한 인터뷰를 제의했습니다. 그러나 그 무렵 저는 아직, 이 바이러스가 그려내는 것은 세대 간의 투쟁이 아닐까 생각하고 있었기 때문에 거절했습니다. 그리고 잠시 기다려 볼 필요가 있다고 전했습니다.

그로부터 관찰을 계속하자, 바이러스가 점점 사회적인 하층부로 내려갔습니다. 그렇게 계급의 문제가 분명히 드러났습니다. 제게 있어 경험주의, 정직함은 '기다림'이기도 합니다. 올바른 수치가 나올 때까지 기다리는 것이죠. 현실 복종의 원칙이라고 부를 수 있습니다.

또 하나 나타난 것은 연구자로서의 자신과 인간으로서의 자신이 완전히 모순된 상태가 되어버렸다는 것입니다. 저는 지금 브리타니에 있고, 69세가 되어가고 있습니다. 이 지역은 프랑스 중에서도 바이러스가 활발하지 않은 곳으로, 저에게는 안전한 장소입니다. 함께 있는 (저보다 어린) 아내와 18살 되는 막내딸은 슬슬 파리로 돌아갈 모양입니다. 하지만 저는 돌아갈 필요조차 전혀 없으며, 일부러 위험 지역에 노출되고 싶지도 않습니다. 그래서 요컨대 이 바이러스가 일으킨 상황은 제게 있어 매우 곤란한 것입니다.

저는 이제 은퇴를 하고 싶다고 생각하고 있던 시기이기에 정말 참담합니다. 하지만 한편으로 연구자로서는 이 사태가 시작된 후 계속 꿈과 같은 상황에 있습니다. 아까도 말했듯 인구학적 지표, 예를 들어 사망률 등의 지표를 무엇보다도 우선하며, 그것이야말로 현실 사회를 그려내는 것이라는 생각이 있는 한, 지금 일어나고 있는 상황에 저는 만족할 수 있습니다. 이런 태도로 저는 25세부터 연구를 시작해 이미 69세에 이르렀습니다. 코로나의 상황을 보면서 제가 얼마나 옳았는지, 얼마나 분별 있는 인간이었는지 만족하고 있는 상태입니다.

진행 중인 위기를 사고하다

지금까지 이야기해 온 것은 어떤 현상에 대한 냉담하고 경험주의적인 관계성에 대해서입니다. 개인적으로는 고위험군에 포함되어 있다는 것을 인식하고 있기에 고통스러웠습니다. 록다운 직전에 시골로 피난하는 것이 좋을지, 파리에 남을 경우 코로나에 걸리면 인공호흡기는 얼마나 충분한지 등을 필사적으로 계산하면서 결국 마지막 순간에 브리타니로의 피난을 결정하는, 어떤 의미에서는 힘든 생각도 경험했습니다. 그리고 브리타니에 와서 매일 아침 저는 존스 홉킨스대학이 공개하는 세계 각지의 감염자 수와 사망자 수에 대한 수치를 확인하고, 이 역병의 진행을 계속 관찰하고 있습니다. 그러면서 무슨 일이 일어나고 있는지 이해하려고 하고 있습니다.

즉 저는 현재 두 의식의 사이에 있다고 할 수 있습니다. 제 나이에 이 바이러스의 유행은 전혀 기쁜 일이 아니라는 것은 아시리라 생각합니다. 그러나 연구자로서 제 습관은 체내의 하드디스크에 박혀 있는 것입니다. 거의 반세기에 걸쳐온 연구라는 것은 어떻게 보면 어떤 상황에서도 냉철하고 자율적인 형태로 진행되는 것입니다.

앞서 말했듯이 저는 〈렉스프레스〉지와의 인터뷰를 일단 거절하고 데이터가 갖추어진 다음 승낙했습니다. 저는 항상 이렇게 제가 연구자로서 할 수 있는 말이 무엇인지 판단하고 나서 공적인 발언을 해왔습니다.

그리고 이 인터뷰는 고령자를 위해 젊은이를 희생할 수 없다는, 저에게 있어서는 결코 유리하지 않은 결론으로 끝맺었습니다. 이것들에서 보이는 것은 바로 위기 시의 사고에 대한 것입니다.

역사라는 보조선

저 같은 베이비붐 세대는 무엇이든 즐겨왔던 세대, 어떤 위기도 모르는 세대라고 불립니다. 저는 1951년에 태어났지만 베이비붐 세대는 직업도 있고 나름의 월급도 받을 수 있는 세대라고 칭해집니다. 그리고 이번 바이러스라는 위기가 그들에게 가혹함을 안겨주고 있다고 볼 수도 있습니다. 실제로 이 세대의 많은 사람이 사망하고 있는 것이 현실입니다. 결과적으로 이 세대가 인생에서 유리했다고 할 수 없게 되어버린 것도 사실입니다. 하지만 정말 아무런 위기도 겪지 않았던 세대일까요? 그렇진 않습니다.

1982~1983년경, 제가 아직 서른을 조금 지났을 무렵이었습니다. 그 무렵에 무슨 일이 일어났을까요? 에이즈입니다.

사람들은 이미 망각하고 있지만 에이즈의 출현은 사람들의 정신적인 측면에도 큰 충격을 주었습니다. 그것은 지금 일어나고 있는 코로나바이러스만큼의 사건이었다고 말할 수 있습니다. 물론 그 차이는 경제적인 영향에 있습니다. 코로나의 경우, 이 전염병에 대한 공포가 유럽과 미국에서도 경제 활동을 정지시켰으며, 이는 무려 1929년 세계공황 이후 처음이었습니다. 그러나 역병이라는 의미에서 당시에도 사람들은 에이즈에 어떻게 대처해야 할지 몰랐습니다.

참고로 신형 코로나바이러스는 에이즈만큼 심각하지 않습니다. 아까 말씀드렸듯이 코로나바이러스로 사망한 사람들의 80%가 죽음에 가장 가까운 노인층입니다. 곧 수명이 다 될 사람들을 덮친 것이지요. 평균수명을 기준으로 생각해도 인구에 미치는 영향은 그렇게까지 심각하지 않은 것입니다. 물론 이런 식으로 말하고 싶어서 하는 것은 결코 아닙니다. 그렇지만 에이즈는 전도유망한 젊은 세대를 휩쓸었습니다.

또한 코로나바이러스는 프랑스에서 약 26,000명의 사망자를 내고 있습니다(2020년 5월 기준). 한편 1982년부터 2002년까지 에이즈로 인한 사망자 수는 40,000명입니다. 그런 에이즈도 처음에는 어떤 병인지 몰랐기 때문에 상황은 비슷했습니다. 얼마 전 모기가 코로나바이러스를 실어 나르는 것이 아니냐는 소문이 있었습니다. 에이즈가 유행했을 무렵에도 똑같이 모기가 HIV를 운반하는 것이 아니냐는 소문이 돌고 있었습니다.

에이즈가 일으킨 정신적 충격도 엄청났습니다. 사람들의 성적인 태도를 엄청난 방식으로 크게 바꾸어 버렸기 때문입니다. 특히 그 시대는 자유롭게 섹스를 하는 것에 사람들이 익숙해지기 시작하던 시기였음을 생각해 보면 그 충격은 상당했다는 것을 알 수 있습니다.

그리고 이 에이즈에 관한 경험은 사실, 이번 일이 사회 정신적인 측면에 어떤 영향을 미칠지 예측 가능하게 합니다. 저도 에이즈가 유행했을 때 망연자실했던 기억이 납니다. 제가 쓴 기사를 크게 칭찬해 준 젊은 철학자 커플이 몇 달 후에 사망하는 일도 경험했습니다. 아직 젊고 찬란한 미래가 있던 사람들이 에이즈에 의해 목숨을 빼앗겨 버린 것입니다. 거기서 저는 이런 큰 고통, 트라우마와도 같은 충격을 도대체 사회가 어떻게 극복할 수 있을까 생각했습니다.

그리고 놀랍게도 사회는 이겨냈습니다. 저는 인간의 근본적인 이기주의는 이타주의적이기도 한 이기주의라고 생각합니다. 그래서 사람들이 집단을 지키기 위해 행동하는 것입니다. 물론 인간은 '나'라는 개인을 지킬 수 있고, 또 원래 에이즈는 예방이 매우 간단했습니다.

에이즈를 접한 즈음부터 제 연구자로서의 태도는 별로 변하지 않았다고 말할 수 있습니다. 우선 에이즈가 고위험군(동성애자, 흑인, 약물 의존자 등)이라고 불리는 층을 벗어나는 일은 없을 것이라고 수치로 이해했습니다. 그리고 여러 번 말했듯이 저의 태도는 경험적인 현실을 그대로 받아들이는 것을 기본으로 하고 있습니다. 그래서 에이즈 때도 담담하게 다양한 데이터를 분석해 나갔던 것입니다. 진실을 감추는 것은 전혀 의미가 없기 때문입니다.

이러한 데이터 분석을 통해 저는 이 병이 고위험군을 벗어나 퍼져나가지 않을 것이라고 확신했지만, 그러면서도 보편주의자이자 자유로운 가치관을 가진 프랑스인인 저는 고위험군에 속한 동성애자, 흑인, 약물 의존자들에 대해 사회가 폭력적인 반응을 보이지 않을까 걱정했습니다. 그러나 사회의 근본 부분에 있는 사상적인 경향—프랑스에서는 평등에 근거하는 자유주의라고 하는 경향—은, 에이즈에 의해서도 변하지 않았습니다. 심해지기는커녕 이런 경향은 더욱 강해졌습니다. 예를 들어 섹슈얼리티는 자연스러운 행동이라는 생각이 퍼지면서, 아프리카 대륙 출신자들을 표준적인 국민으로 받아들인 것이었습니다. 다시 말해서 이 병도 사회의 사상적 진행을 거꾸로 돌리지는 않았던 것입니다.

포스트 코로나를 예측하다

에이즈의 유행부터 생각해 보았습니다. 물론 틀렸을지도 모르지만 제가 예측하기로 포스트 코로나의 세계는 그 이전에 이미 존재하고 있던 경향이 재확인되고, 그것이 가속화될 것입니다. 덧붙여서 예측이라고 하는 시점에서, 저는 경험주의로부터 조금 벗어납니다. 여기서부터는 스스로의 상상력을 살리는 단계에 들어가는 것입니다. 에이즈라는 과거의 확고한 경험을 발판으로 가설을 세워 지금 현재 일어나고 있는 일에 적용해 보는 것입니다.

제 가설은 아무것도 변하지 않으리라는 것입니다. 더 말하면 여러 가지가 더 명확해지고 강해질 것이라는 것뿐입니다. 구체적으로 사례를 나열해 볼까요?

먼저 영국과 미국 사회에서 존슨과 트럼프라는 지도자들에 의해 이미 시작된, 국가를 중심점으로 되돌리려는 움직임은 앞으로 더 강해질 것입니다. 미리 밝혀두지만 이것은 존슨이 어떻다거나 트럼프가 어떻다거나 하는 지도자 개인의 이야기가 아닙니다. 중국과 미국의 관계는 이미 악화되었지만 점점 심각해질 것입니다. 그 영향은 두 나라 사이에만 국한되지 않고 어쩌면 프랑스 쪽으로까지 확대될 가능성도 있습니다.

유럽에서는 유로 정책 실패의 영향이 더욱 심각해질 것입니다. 코로나바이러스가 밝힌 것은 유럽 사람들에게 얼마나 유럽이라는 '네이션Nation'에 귀속되어 있다는 의식이 없었는가 하는 점이기 때문입니다. 프랑스 같은 나라는 빈곤화가 진행되면서 사회경제적 충돌이 더욱 심화될 것입니다.

이렇게 다양한 현상을 차례로 적용시켜 예측해 보는 것이 가능합니다. 일본은 어떨까요? 이대로 표면적으로는 잘 수습

될 수 있을지 모르지만 그럴 경우 내부 사람들이 어느 정도의 만족감을 얻을 수 있게 됨으로써 고령자를 구하는 것보다 아이를 낳는 것이 더 중요하다는 사실이 희석될 가능성이 있을 것입니다. 그렇게 사상적으로 가수면 상태가 점점 강화되는 것은 아닐까요. 물론 이러한 경향을 이미 일본에서는 발견할 수 있습니다.

자, 계속합시다. 불평등 심화 경향도 이미 시작되었습니다. 물론 이런 다양한 현상의 심각화를 '변화'로서 파악하는 것도 정당성은 있다고 생각합니다. 구체적인 예를 들어봅시다. 혁명의 과정을 살펴보죠. 러시아 혁명을 예로 들면 우선 사회적 긴박감이 고조되고 혁명이 대두됩니다. 그리고 제1차 세계대전의 패배가 그 무렵 러시아 지배층의 정통성을 파괴했습니다. 즉, 제1차 세계대전의 패배 없이 러시아 혁명은 있을 수 없다는 것을 알게 된 것입니다. 포스트 코로나에서도 어쩌면 이런 패배가 찾아올지도 모릅니다.

프랑스 같은 나라는 이 코로나 위기에서 공중위생 분야에서는 패배했습니다. 때문에 프랑스의 지배층은 정말 말도 안 되는 상태에 빠져있습니다. 프랑스는 이제 후진국에 의료기기를 구걸하는 신세가 되면서 완전히 굴욕적인 상태에 빠진 것입니다. 그러니 지배계급은 명예를 잃은 상태입니다. 그런 의미에서 이미 시작된 계급투쟁 현상이 더욱 강화되어 다음 단계, 즉 내전이라 부를 수 있는 상황으로 이행될 가능성마저 있습니다. 이것은 새로운 현상이라고 볼 수도 있지만, 어떤 의미에서 지금 볼 수 있는 경향이 가장 첨예화한 형태이기도 합니다. 지금까지의 경향이 강화인 것인데, 질적인 비약이 일어나는 것이라고 할 수 있습니다.

엘리트층에 대한 복수심이 지금까지 경험해 본 적 없는 강도로 프랑스 전역에 퍼지는 셈입니다. 코로나로 많은 사람이 사망했다는 것을 감안하면 어쩌면 노란 조끼 운동에서 이미 보았던 폭력적 측면이 표출될 가능성도 있습니다. 노란 조끼 운동의 폭력은 권력 쪽에서 나온 것이었습니다. 그러나 포스트 코로나의 프랑스에서는 어쩌면 사회 저변에 있는 사람들로부터 폭력이 시작돼 이 상황에 대해 아무것도 할 수 없는, 무능하고 거짓말만 하는 정부(지배계급)에 복수하려 할지도 모릅니다. 다만 이 폭력의 이행이 새로운 사건이라고 말할 수 있는지, 그것은 독자 여러분의 판단에 맡기고 싶습니다.

저의 신간 『21세기 프랑스의 계급투쟁』에서도 프랑스의 빈곤화, 생활수준의 저하를 분석하고 있다는 점은 이미 언급했지만 오늘날 거의 두 달의 사회 정지를 거치면서도 지배계급이 다른 방향으로 사고하는 것은 불가능하다는 것이 드러났습니다. 따라서 평이하게 생각하면 프랑스의 빈곤화 속도는 빨라질 것입니다.

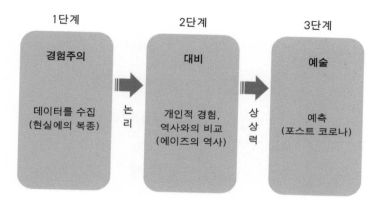

1단계	2단계	3단계
경험주의	대비	예술
데이터를 수집 (현실에의 복종)	개인적 경험, 역사와의 비교 (에이즈의 역사)	예측 (포스트 코로나)

논리 → 상상력 →

◆ 예측의 프로세스

사고에서 예측으로 - 세 가지 경로

하지만 이는 어디까지나 예측입니다. 이제껏 말한 틀을 정리해 봅시다.

먼저 저는 경험에 근거한 사고, 경험주의적 사고로부터 시작합니다. 이것이 경험주의적 단계, 첫 번째 단계입니다. 여기서 중요한 것은 기다리는 것입니다. 사태를 설명할 수 있을 정도의 견고한 데이터가 모일 때까지 기다립니다.

다음으로 두 번째. 경험주의적 단계에서 얻은 데이터와 자기 자신의 경험이나 역사—여기에서는 에이즈라는 과거의 심각한 사태—를 대비시키는 단계였습니다.

그리고 세 번째 단계를 저는 예술적 단계라고 부릅니다. 여기서는 저의 본능, 직감, 역사가로서의 경험을 자유롭게 해방시키고 몇 가지 예측을 단행합니다. 물론 예측은 경험주의에서 나오는 것입니다. 어쨌든 아직 일어나지 않은 사건을 이야기하는 것이기 때문입니다.

물론 지금까지의 경험에 근거한 것이라는 것은 틀림이 없습니다. 코로나바이러스로 일어나고 있는 사태를, 벌써 과거에 일어난 논리적인 시퀀스, 여기에서는 에이즈의 역사와 관련짓고 연구자로서의 경험을 조합하면 예측이 태어나는 것입니다. 여기서 이미지화하고 싶은 것은 붓을 잡은 한 화가입니다. 캔버스를 앞에 두고 앞으로 미래에 올 것을 그리려고 하는 화가가 거기에 보이는 것입니다. 이처럼 예측 단계에는 어딘지 모르게 예술적인 측면이 포함됩니다.

예술적 행위로서의 예측

어느 시점에서 연구자는 화가와 같은 존재가 될 때가 있습니다. 본능을 해방시키는 순간입니다. 유명한 소설에도 작가의 충격적인 직관으로 쓰여 있는 부분이 있을 것입니다. 발자크나 도스토옙스키 등을 들 수 있습니다. 혹은 궁수가 움직임을 멈추지 않고 과녁도 제대로 보지 않은 채 화살을 쏘는 듯한 이미지입니다. 물론 오랜 세월에 걸쳐서 쌓아온 경험과 익숙함을 바탕으로 하고는 있지만 이는 자신을 위해서 무의식을 해방시키는 순간입니다.

그것은 어쨌든 본능 같은 것입니다. 역사의 직감을 미래에 응용한다는 것은 대부분 본능적인 것입니다. 마치 당장 먹이에 달려들려는 동물과 같습니다.

이것은 앞서 말한 창조적 지성과는 조금 다릅니다. 창조적 지성이라는 단어로 제가 말하고 싶었던 것은 이미 가지고 있는 데이터를 설명하거나 정리하기 위해 뇌에 있는 다양한 요소를 자유롭게 조합하는 것이었습니다. 창조는 기실 처음부터 시작되는 것이 아니라, 이미 있는 요소를 지금까지 없는 형태로 연결 짓는 것으로 생겨나는 것이니까요.

한편 예측이란 데이터에 근거하지 않는 장래를 이미지화하는 것입니다. 그러니까 본능인 것입니다. 창조적 지성에 대해 말한 것에 비해 예측은 위험부담이 크다는 의미에서도 다릅니다.

창조적 지성을 발휘해 얻은 아이디어에는 그 아이디어가 샘솟은 후에 데이터를 확인하는 검증 작업이 있습니다. 예를 들어 공산주의가 어떤 가족 형태의 나라에서 나타났다는 직감만 끄집어낸다면 이는 분명 역사적인 직감이라고 할 수 있지요. 그리고 그 후, 데이터를 여러 나라에 적용시켜 검증해 나가는 것이 가능한 것입니다.

하지만 예측은 그렇지 않습니다. 여기에는 에이즈가 발생한 과거의 사회에서 확인된 것처럼, 바이러스의 유행 자체가 그 사회의 사상 경향을 변화시키지는 않았다는 저의 개인적인 경험이 있습니다. 여기서부터 저는, 포스트 코로나의 사회에

8. 미래

서 일어나는 일도 마찬가지로, 지금까지 관찰된 경향이 심각
해질 것이라고 하는 셈입니다. 물론 아직 어떤 것도 확인할 수
는 없습니다. 10년, 20년 후에 밝혀질 것입니다. 그런 의미에
서 지금의 상황은 과거 소련의 붕괴를 예측했을 때의 상황과
조금 비슷할지도 모릅니다. 이번엔 그것을 확인할 수 있을 무
렵에는 제가 이미 죽고 없을 것이기에 책임을 질 수는 없지만
말입니다.

　　다른 사람이 어떤지는 모르겠지만 제 사고의 방법은 어딘
가 예술가와 같은 부분이 있습니다. 예술적이라는 것이 뭐냐
고 묻는다면 정의하기 어렵지만, 예술적인 몸짓은 매우 짧은
순간에 볼 수 있는 것이지만 그 몸짓에 응축되어 있는 다양한
요소 하나하나를 꺼내 보면 각각은 매우 합리적인 것이기도
하다는 것입니다. 거기에는 많은 지식이나 직업적 경험이 포
함되어 있습니다. 그것은 마치 지금까지의 일이 결정화된 듯
한 것입니다. 거기에는 사실인지 어떤지 모르는 것, 특별한 것,
여러 가지가 포함됩니다. 예측이라는 행위에는 그동안 제가
얻어온 지식, 연구, 아이디어, 이론, 가치관, 그런 모든 것들이
다 포함되어 있습니다.

　　예술적인 역사가와, 이론상으로는 같은 일을 하는 대학의
인문학과에 소속된 연구자들을 비교하면 리스크와 관계 맺는
방법이 다릅니다. 전자가 한층 더 화가에 가까운 존재라고 말
할 수 있습니다.

역사학자로서 저는 방대한 지식을 축적해 왔습니다. 많은 역사를 알고 있고 가족 시스템에 대해서도 방대한 지식을 가지고 있습니다. 결코 거만한 태도를 취하고 싶은 것은 아니지만 저는 스스로 전문가라고 생각하고 있습니다. 프로 정비사와 마찬가지입니다. 제가 지식인인지 아닌지를 떠나 지식인에게 진짜 필요한 것은 프로페셔널리즘인 것 같습니다. 프로의 일이나 손놀림에는 자연히 예술성이 깃들어 있는 법입니다.

무엇보다도 위험을 감수할 과감한 용기가 있다는 것이 바로 제가 말하는 예술적인 학자의 조건입니다. 이 리스크를 감당할 수 있을지 어떨지는 그 사람의 성격 이상으로 그가 사회에 어떻게 관여하고 있는가에 달려 있습니다.

이 책을 위한 안내

이 책을 위한 안내

여기에는 본서에 언급한 저작을 중심으로, 독자인 여러분이 꼭 읽었으면 하는 책의 목록을 만들었습니다. 아직 번역되지 않은 것도 있을지 모르지만, 이것들은 저마다 중요한 저작이며, 그중에는 저 자신의 사상을 정리할 수 있게 해주었다고 해도 과언이 아닌 고전적인 작품도 포함되어 있습니다.

◆ **역사**

Alan Macfarlane, *The origins of English individualism: The Family, Property and Social Transition*, Blackwell Publishers, 1978.

Peter Laslett, *The World We Have Lost*, Routledge, 1965.

알렉시 드 토크빌, 『미국의 민주주의 1, 2』(임효선 · 박지동 옮김), 한길사, 1997.

알렉시 드 토크빌, 『앙시앵 레짐과 프랑스혁명』(이용재 옮김), 지식을만드는지식, 2013.

Alexis de Tocqueville, *Souvenirs*, Le Comte de Tocqueville, 1893.

Michael Rostovtzeff, *The Social and Economic History of the Roman Empire*, Biblo-Moser, 1926.

크리스토퍼 클라크, 『몽유병자들』(이재만 옮김), 책과함께, 2019.

Fritz Fischer, *Germany's Aims in the First World War*, W. W. Norton & Company, 1968.

Hans-Ulrich Wehler, *The German Empire(1871-1918)*, Berg Publishers, 1985.

Jacques Dupâquier (dir.), *Histoire de la population française*, 4 vols. PUF, 1988~1989.

Peter Laslett, *Household and Family in Past Time*, Cambridge: Cambridge University Press, 1972.

르 루아 라뒤리, 『랑그도크의 농민들 1, 2』(김응종 옮김), 한길사, 2009.

Pierre Chaunu, *La Civilisation de l'Europe classique*, Arthaud, 1966.

David Kertzer, *Comrades and Christians: Religion and Political Struggle in Communist Italy*, Cambridge: Cambridge University Press, 1980.

A. J. P. Taylor, *The Struggle for Mastery in Europe: 1848–1918*, Oxford: Clarendon Press, 1954.

Annika Mombauer, *The Origins of the First World War: Controversies and Consensus*, Pearson Education, 2002.

Andreas Gestrich and Hartmut Pogge von trandmann (eds.), *Bid for World Power?: New Research on the Outbreak of the First World War*, Oxford: Oxford University Press, 2017.

◆ 인류학·문화

James George Frazer, *The Magical Origin of Kings,* Macmillan, 1920년.

Louis Dumont, *Homo Hierarchicus: Essai sur le système des castes*, Gallimard, 1979.

고든 차일드, 『인류사의 사건들』(고일홍 옮김), 한길사, 2011.

에드워드 J. D. 콘즈, 『불교의 길』(배광식 옮김), 뜨란, 2021.

Karel van Wolferen, *The Enigma of Japanese Power: People and Politics in a Stateless Nation*, Vintage; Reprint edition, 1990.

George Peter Murdock, *Africa: Its Peoples and their Culture History*, McGraw-Hill Book Company, 1959.

Julien Chanteau, *La divine machinerie: L'invention du temple au Moyen-Orient ancien*, Librairie Orientaliste Paul Geuthner, 2017.

Philip L. Kohl, *The Making of Bronze Age Eurasia*, Cambridge: Cambridge University Press, 2007.

◆ 통계 데이터

Johann Peter Süssmilch, *Die Göttliche Ordnung*, J. C. Spener, 1741.

에밀 뒤르켐, 『에밀 뒤르켐의 자살론』(황보종우 옮김 · 이시형 감수), 청아출판사, 2019.

P. G. Frédéric Le Play, *Les Ouvriers Européens*, Imprimerie impériale, 1855.

François Goguel, *Modernisation économique et comportement politique: D'après un échantillon d'un trentième du corps électoral français*, Armand Colin, 1969.

◆ 사회

칼 마르크스, 『루이 보나파르트의 브뤼메르 18일』(최형익 옮김), 비르투, 2012.

엥겔스, 『가족, 사유재산, 국가의 기원』(김대웅 옮김), 두레, 2012.

막스 베버, 『경제와 사회』(박성환 옮김), 문학과지성사, 2003. [부분역으로는 『카리스마적 지배』(이상률 옮김, 문예출판사, 2020), 『관료제』(이상률 옮김, 문예출판사, 2018년), 『사회학의 기초개념』(이상률 옮김, 문예출판사, 2017년), 『막스 베버 종교사회학 선집』(전성우 옮김,

나남출판, 2008) 등이 있다.]

막스 베버, 『프로테스탄티즘의 윤리와 자본주의 정신』(박문재 옮김), 현대지성, 2018.

가브리엘 타르드, 『모방의 법칙』(이상률 옮김), 문예출판사, 2012.

죄르지 루카치, 『역사와 계급의식』(조만영 · 박정호 옮김), 지식을만드는지식, 2015.

마이클 영, 『능력주의』(유강은 옮김), 이매진, 2020.

Raymond Aron, *Dix-huit Leçons sur la Société Industrielle*, Gallimard, 1962.

Raymond Aron, Les Etapes de la Pensee Sociologique, Gallimard, 1967.

C. 라이트 밀즈, 『사회학적 상상력』(강희경 옮김), 돌베개, 2004.

Michael Young and Peter Willmott, *Family and Kinship in East London*, Routledge&Kegan Paul. 1957.

David Goodhart, *The Road to Somewhere: The Populist Revolt and the Future of Politics*, C. Hurst&Co., 2017.

◆ **소설·SF작품**

톨스토이, 『전쟁과 평화(전4권)』(연진희 옮김), 민음사, 2018.

톨스토이, 『안나 카레니나(전3권)』(연진희 옮김), 민음사, 2012.

오노레 드 발자크, 『고리오 영감』(박영근 옮김), 민음사1999.

모리스 르블랑, 『아르센 뤼팽』 시리즈.

아이작 아시모프, 『아이, 로봇』(김옥수 옮김 · 오동 그림), 우리교육, 2008.

아이작 아시모프, 『전설의 밤』(박병곤 옮김), 오멜라스, 2010.

필립 K. 딕, 『유빅』(김상훈 옮김), 폴라북스, 2012.

올더스 헉슬리, 『멋진 신세계』(안정효 옮김), 소담출판사, 2015.

Marie-Louis-Georges Colomb(Christophe), *L'ide fixe du savant Cosinus*. Paris: Armand Colin, 1900.

◆ 고전

호메로스, 『오디세이아』(진형준 옮김), 살림 출판사, 2017.

르네 데카르트, 『방법서설』(이현복 옮김), 문예출판사, 2019.

애덤 스미스, 『국부론 1 · 2』(유인호 옮김), 동서문화사, 2017.

알프레드 에이어, 『언어, 논리, 진리』(송하석 옮김), 나남, 2020.

버트런드 러셀, 『러셀 서양 철학사』(서상복 옮김), 을유문화사, 2020.

Paul Nizan, *Les chiens de Garde*, Agone, 2012.

알버트 아인슈타인, 『상대성 이론: 특수 상대성 이론과 일반 상대성 이론』(장헌영 옮김), 지식을만드는지식, 2012.

존 메이너드 케인스, 『고용 이자 및 화폐에 관한 일반이론』(박만섭 옮김), 지식을만드는지식, 2012.

뒤란에서 인문학 읽기 01

인문학을 위한

사고 지도

초판 1쇄 인쇄 2023년 3월 27일
초판 1쇄 발행 2023년 3월 27일
지은이 에마뉘엘 토드 **일본어 번역** 오오노 마이 **한국어 번역** 김동언
책임편집 오은조 **편집** 박은혜 **디자인** 법씨 **인쇄** 아트인
펴낸이 김두엄 **펴낸곳** 뒤란 **등록** 2019-000092호 (2019년 7월 19일)
주소 07208 서울시 영등포구 선유로49길 23 IS비즈타워2차 1503호
전화 070-4129-4505 **전자우편** ssh_publ@naver.com
블로그 sangsanghim.tistory.com **인스타그램** @duiran_book

한국어판 ⓒ 뒤란 2023
ISBN 979-11-978957-4-6 03300